우리는 왜 싸우는가

-갈등의 정신분석-

우리는 왜 싸우는가

-갈등의 정신분석-

김용신

nosvos

차례

들어가며 / 7

1. 갈등과 폭력에 관한 기존 이론들

본능 이론 ········ 17
불만—공격 이론 ········ 29
사회적 학습이론 ········ 36
정신분석학적 이론 ········ 44

2. 갈등과 폭력을 유발하는 무의식적 요소들

생존을 위하여 ········ 57
영향력 확대를 위하여 ········ 66
이익의 극대화를 위하여 ········ 75
꿈의 실현을 위하여 ········ 87
긴장을 완화시키기 위하여 ········ 101

3. 갈등과 폭력 완화를 위한 마음의 원리

사랑의 감성을 확대하자 ········· 113
초자아의 기능을 강화하자 ········· 122
불만을 정화하자 ········· 140

나가며 / 155

들어가며

살아가면서 불만과 울분을 느끼지 않은 사람은 거의 없을 것이다. 우리는 누구나 자신의 꿈과 희망을 실현하려고 한다. 그러나 현실은 이를 순순히 받아들여주지 않는다. 따라서 우리는 이에 대한 불만과 울분을 느끼게 되는 것이다. 이는 현실과 이상의 괴리에서 오는 인간의 원초적인 감성 표현이라고 볼 수 있다. 물론 그 내부에는 인간관계 속에서 상대방을 향한 나의 기대감이 충족되지 못했을 때 나타나는 섭섭함의 감정도 포함되어 있다. 그런데 문제는 이렇게 해서 야기된 모든 불만과 울분은 그 자체로 머물지 않고 다양한 갈등을 야기시키며, 경우에 따라서는 폭력까지를 수반하는 퇴행적 행위들을 유발시킬 수 있다는 점이다.

오늘도 우리는 뉴스를 통해 수많은 갈등 현장들을 접하고 있다. 개인들 간에는 물론이요 사회적으로도 다양한 갈등들이 도처에서 나타나고 있다. 마치 대한민국은 갈등 공화국이 된 것 같은 느낌마저 지울 길이 없다. 여기에 더하여 가공할 폭력 행위들도 자주 나타나고 있다. 세상은 살기 좋게 변해간다고 하는데도 인간의 폭력성은 더욱 강화되고 있는 것인가? 조그만 이해하면 될 것 같은 일에서도 퇴행적 혹은 엽기적 폭력이 난무하고 있다.

특히 2016년 후반부부터는 속칭 '최순실 게이트'로 인해 온 나라가 몸살을 앓았다. 11월부터는 전국에서 매주 토요일마다 100만에서 200만에 달하는 국민들이 촛불을 들고 박근혜 대통령의 퇴진을 외쳤다. 그리고는 결국 12월 9일 국회에서는 박근혜 대통령 탄핵 소추안이 가결되고, 2017년 3월 10일에는 헌법재판소에서 탄핵이 인용되어 대통령이 자리에서 물러나고 말았다. 물론 박근혜 대통령의 탄핵을 반대하는 소위 '태극기 집회'도 그 인원이 '촛불 집회'와 막상막하를 이루면서 매주 토요일 함께 열였다. 당시 박근혜 대통령 퇴진을 위한 국민들의 촛불 집회와 퇴진 반대를 위한 태극기 집회는 폭력적 행위를 동반하지 않았지만 이 역시 사회적 갈등을 표현하는 대표적인 사례라고 할 수 있다.

이러한 한국적 현실을 접하면서 필자는 갈등 그리고 나아가 폭력을 유발시키는 불만이나 울분이 형성되는 인간 무의식의 동적 양상을 규명하고 싶은 충동을 느꼈다. 또한 2016년 말부터 2017년 초까지 야기된 대규모 촛불 시위와 태극기 집회를 보면서 어떠한 경우에 대중들의 불만은 폭력과 연결되지 않을 수 있는가라는 문제에도 큰 관심을 가지게 되었다. 왜냐하면 기존의 이론들은 대개의 경우 다수의 군중 행동은 폭력을 수반하기 쉽다고만 할 뿐 폭력을 수반하지 않는 경우는 자세히 분석하고 있지 않고 있기 때문이다.

정신분석학적 지식을 활용한 인간 행동 연구에 초점을 두고 있는 필자로서 이러한 문제에 관심을 가지는 이유는 당연한 일이다. 따라서 이번 기회에 '우리는 왜 싸우는가?' 라는 주제를 가지고 나름대로의 생각을 한 번 펼쳐보기로 하였다. 물론 그 초점은 무의식의 정서적 활동들, 즉 동적 양상들을 살펴보는 데 두었다.

천재가 아닌 이상 누구나 자신의 생각을 펼치기 위해서는 연관성이 있는 주제에 대한 기존의 논리나 주장들에 대한 이해가 선행되어야 하리라 본다. 모든 생각은 기존 연구들로부터 그 실마리를 찾아가는 것이 편리하기 때문이다. 따라서 본 연구의 첫 번째 장에서는 갈등과 폭력에 대한 기존의 이론들을 살펴보았다. 물론 그 초점은 심리 및 정신분석학적 접근법을 사용한 연구들로 한정하였다. 본 연구 자체가 정신분석학적 지식을 기초로 하고 있기 때문이다.

기존 연구들은 접근 방법에 따라 크게 4가지로 분류하였다. 먼저 프로이트의 본능 이론에 근거한 인간의 공격성에 대한 연구를 살펴보았다. 다음으로는 심리학 측면에서 불만과 공격성의 관계를 살핀 연구들 및 사회 심리학적 측면에서 인간의 공격성이 사회적인 학습 효과에 영향을 받는다는 주장을 요약하였다. 그리고 마지막으로 정신분석학적 이론을 활용한 연구들을 살펴보았다. 이 연구들은 주제에 따라 독일 '나치(Nazi)'의 폭력에 관한 연구와 집단의 퇴행성 그리고 혁명적 성격에 관한 연구들로 세분하여 논의하였다.

기존 연구들은 그 초점이 주로 폭력을 야기하는 원인에 맞추어져 있다. 그러나 그 원인들 속에서 갈등과 싸움에 관한 인간의 심리적 현상을 간접적으로나마 제시하고 있다. 기존의 이론들을 다시 재조명하는 일은 얼핏 지루하고 딱딱한 일일 수도 있다. 그럼에도 불구하고 이러한 작업은 우리가 갈등의 국면을 보다 심도 있게 이해하는 데 불가피하게 거쳐야 할 과정이다.

이러한 점들을 염두에 두고 두 번째 장-갈등과 폭력을 유발하는 무의식적 요소들-에서는 필자가 평소에 연구해온 갈등과 폭력을 유발하는 무의식의 동적 양상들을 보다 구체적으로 정리하였다. 정신분석학에서는 모든 인간 행동들의 근저에는 무의식적 욕구가 작동하고 있다고 믿고 있다. 따라서 갈등과 폭력을 유발하는 무의식의 동적 양상들을 살피는 일이야말로 우리가 왜 싸우는가에 대한 원인을 논의하는 데 유용한 아이디어들을 제공할 것이다.

무의식의 동적 양상에 대한 분석은 크게 5가지로 나누어 정리하였다. 즉, 자아 보존을 위한 무의식의 욕구, 영향력을 확대하려는 욕구, 이익을 극대화하려는 욕구, 자아이상의 실현을 위한 욕구, 그리고 정서적인 안정을 위한 욕구로 나누어 살펴보았다. 이 외에도 갈등과 폭력을 유발하는 무의식적 요인들은 무수히 많을 수 있다. 그러나 대개는 상기의 욕구들에 그 뿌리를 두고 있다고 생각한다. 따라서 이를 이해하는 것은 우리는 왜 싸우는가를 이해하는 데 기초적 자료들을 제공하리라 본다.

이처럼 우리는 왜 싸우는가에 대한 무의식의 동적 양상들을 살피는 일은 또 다른 질문을 야기한다. 그것은 바로 갈등과 폭력을 완화시킬 수 있는 방법은 없는가라는 문제이다. 우리는 삶 속에서 갈등과 폭력을 완전히 제어하기는 불가능할지도 모른다. 정신분석학적으로 보면 인간은 본질적으로 갈등적 존재이며 합리적이지 못하기 때문이다. 그렇다면 상기의 질문은 부질없는 것인가?

그런데 한편 정신분석학적으로 인간이란 정서적으로 기쁨을 확대하고 슬픔을 줄이려는 본능을 가지고 있기에, 불만과 울분이 싹트면 이를 완화시키려는 욕구도 동시에 생성된다. 이러한 논리에 근거하여 마지막 장–갈등과 폭력 완화를 위한 마음의 원리-에서는 갈등과 폭력 혹은 퇴행적 행위를 적어도 완화시킬 수 있는 정신분석학적 원리를 크게 세 가지로 요약하여 정리하였다.

그 첫째는 사랑의 마음을 확대하는 것이고, 둘째로는 초자아의 기능을 강화하는 일이며, 그리고 셋째로는 불만과 울분을 정화하는 노력이다. 이러한 논의 속에서 속칭 '최순실 게이트'로 야기된 한국 국민의 촛불 집회에 대한 비폭력적 그리고 축제적인 감성적 발산도 한번 간략히 정리해볼 작정이다. 이는 우리의 갈등을 해소하는 또 하나의 실질적인 예가 될 수 있기 때문이다.

실제로 한국 사회에서는 일반인들에게 정신분석학의 이론들이 매우 생소하게 느껴지고 있다. 그간 정신분석학이 주로 정신이상의 치료적 목적에만 초점을 두었기 때문일 것이다. 그러나 정신분석학의 연구 초점이 인간 무의식의 동적 양상에 있는 한, 정신분석학의 지식은 인간 행동의 원인을 연구하는 데 매우 유용한 자료들을 제공하고 있다. 따라서 이미 정신분석학의 지식은 인간 행동과 사회현상을 분석하는 데 널리 이용되고 있다.

특히 1970~80년대부터 미국을 중심으로 한

서구 사회에서는 '정신분석학적 정치 및 사회이론(Psychoanalytic Political and Social Theory)'이라는 새로운 연구 분야가 활성화되기 시작하였다. 다만 우리 사회에는 아직 이러한 연구 분야가 널리 소개되지 않고 있을 뿐이다. 이러한 점을 감안한다면 정신분석학의 지식을 활용하여 갈등과 폭력의 원인을 규명하는 일은 한국 사회에 정신분석적 사회 및 정치에 관한 이론들을 전파하고 발전시키는 데 일련의 역할을 하리라 기대한다.

21세기에 들어와서 학계에서는 융합과 통섭이 강조되고 있다. 어느 한 접근법만으로는 인간의 활동이나 사회적 현상을 입체적으로 밝히기는 매우 어렵다. 정신분석학의 지식이 인간 행동과 사회현상을 분석하는 데 널리 활용되고 있는 것도 바로 이러한 이유 때문이다. 실제로 융합과 통섭의 논리는 우리나라 학계에서도 널리 인정되고 있다. 따라서 한국 사회에 있어서도 정신분석학이 정신이상의 치료적 목적을 넘어서서 인간의 행동 및 사회현상을 분석하는 데도 널리 활용되기를 바라는 바이다.

1. 갈등과 폭력에 관한 기존 이론들

인간은 일상생활 속에서 다양한 갈등을 겪고 있으며 때로는 심한 폭력적 행위를 보이기도 한다. 그런데 따지고 보면 이러한 갈등과 폭력은 서로 깊은 연관성을 가지고 있다. 갈등이 있는 곳에는 언제나 분쟁이 있고 그 정도가 심해지면 폭력을 유발하기 때문이다. 이러한 점에서 갈등과 폭력에 관한 연구는 서로 함께 연결되어 있다. 그리고 특히 갈등과 폭력은 인간의 심리 상태와 밀접한 관계가 있기 때문에 대개의 연구들은 심리학적 혹은 정신분석학적인 접근 방법을 활용하고 있다고 해도 과언은 아니다.

그러면 그간의 연구들은 대개 어떤 방향에서 진행되어 왔는가? 갈등과 폭력을 논하기 위해서는 무엇보다 먼저 기존 연구들의 의미 있는 주장들을 한 번 살펴볼 필요가 있다. 실제로 기존 이론들은 다양한 측면에서 이 문제를 논의하고 있다. 따라서 이들 주장들에 대한 기본적 이해는 갈등과 폭력 혹은 공격성에 대한 원인들을 전반적으로 이해하는 데 큰 도움이 될 것이다. 뿐만 아니라 기존의 연구들은 우리는 왜 싸우는가에 대한 새로운 연구를 위한 좋은 자료들을 제공하기도 한다. 새로운 이론이란 언제나 기존의 이론들에서 그 창조적 실마리를 풀어가고 있기 때문이다.

본능 이론

갈등과 폭력에 관한 연구에 있어서는 제일 먼저 심리학과 정신분석학의 창시자라고 할 수 있는 프로이트(Sigmund Freud, 1856~1939)의 '본능 이론(Instinct Theory)'에 근거한 입장을 설명해야 할 것이다. 주지하는 바와 같이 의사로서 프로이트는 초기에 모든 인간의 행동들은 본질적으로 인간의 동물적 본능에 근거하고 있다는 견해를 가짐으로써 그의 심리학적 가설들을 세워갔다. 때문에 폭력의 원인도 본능에서 찾으려고 했던 것이다. 이러한 그의 노력은 크게 두 단계로 발전되었다.

처음 프로이트는 본능이란 모든 인간이 고통을 줄이고 기쁨을 확대하려고 한다는 점에 초점을 맞추었다. 그는 이러한 현상을 '기쁨의 원리(Pleasure Principle)'라고 말하고 있다. 그리고 새로운 개념을 하나 더 설명하고 있는데, 그것은 '현실의 원리(Reality

Principle)'라는 것이다. 이는 문명 속에서 자기 보존을 위하여 현실을 따르려는 욕구의 활동을 말하며, 한편으로는 기쁨의 원리에 따른 욕구를 억제하는 역할을 설명하는 원리이다. 이러한 구도 하에서 프로이트는 인간의 공격성이란 특히 기쁨 추구의 욕망이 방해받았을 경우 나타나는 원초적인 반응이라고 설명한다.

초기 프로이트의 주장은 기쁨의 원리가 현실의 원리에 의해 방해받았을 때 공격성이 나타나는 것으로만 단순히 이해될 수도 있다. 그런데 현실의 원리를 따르려는 욕구 역시 인간의 본능으로 본다면, 프로이트의 초기 본능 이론은 보다 넓게 해석될 수도 있다. 즉, 인간은 기쁨의 원리뿐만 아니라 현실의 원리로서 자기 보존의 욕망이 위해를 당했을 경우에도 공격성이 나타난다고 볼 수 있다.

기쁨 추구와 자기 보존의 욕구가 위해를 당했을 때 공격성이 발현된다는 프로이트의 초기 주장은 매우 설득력이 있다. 그런데 이러한 가설로는 속칭 '새디즘(Sadism: 가학성)'이나 '자기 파괴적 행위(Self-Destructive Action)'를 설명하기에는 약간 문제가 있었다. 이에 프로이트는 보다 포괄적인 다음 단계의 공격성 원리를 정립하게 된다.

따라서 그는 『문명과 그 불만족*Civilization and Its Discontents*』에서 '삶(life)'과 '죽음(Death)'이라는 두 개의 개념에 근거한 새로운 설명을 전개한다. 그 핵심은 바로 인간에게는 '사랑(Eros)'과 '죽임(Thanatos)'이라는 두 개의 원초적 본능이 있다는 것이다. 이 때 죽임이라는 용어를 쓴 이유는 '공격성(Aggression)'을 의미하기 때문이다.

프로이트는 상기 저서에서 문명이란 개인들을 하나로 묶는 사랑의 역할에 근거하여 발전되고 있지만, 한편으로 인간은 문명사회 속에서 죽임의 본능 때문에 끊임없는 갈등을 계속하고 있다고 주장하고 있다. 때문에 인간은 위대한 문명 시대를 열어가고 있지만, 그 문명을 파괴하는 끊임없는 전쟁의 역사도 동시에 써가고 있다는 것이다. 이와 같은 설명에 근거하면 앞서 논의한 가학성이나 자기 파괴는 인간이 가꾸어온 문명을 스스루 파괴하는 죽임의 본능에서 그 원인을 찾을 수 있다.

한마디로 프로이트의 본능 이론은 인간 사회의 모든 갈등과 폭력들은 인간으로서는 피할 수 없는 본능에 기인한 것이라는 함의를 가지고 있다. 따라서 프로이트의 주장은 후일 '비교행동학적(Ethological)' 입장에서 동물들의 공격적 행위를 분석하는 연구에 크게 활용되기도 하였다. 그 결과 오스트리아 출신 동물 행동 연구가인 콘라트 로렌츠(Konrad Lorenz, 1903~1989)에 의한 흥미로운 연구가 하나 나타났다.

로렌츠는 『공격성에 대하여*On Aggression*』에서 인간은 다른 동물에 비해 동종(인간)에 대한 공격성이 훨씬 강하다는 주장을 내 놓았다. 그의 연구에 따르면 동물들도 본능적인 공격성을 가지고 있지만 인간과 달리 한 방의 펀치로 상대방을 죽일 수 있는 신체 구조를 가지고 있다고 한다. 이 때문에 서로가 '자멸(Self-Extermination)'을 방지하기 위하여 '공격 억제(Aggression-Inhibition)'의 기능이 잘 진화되었다고 한다.

이는 서로 대등한 신체적 구조를 가진 동물들은 상대방에 의한 한 번의 공격으로 치명상을 입을 수 있으므로 서로의 자멸을 막기 위해 본능적으로 서로 조심한다는 것이다. 물론 상대가 자신보다 월등히 강한 신체적 무기를 가지고 있는 경우는 당연히 도망가려고 하기 때문에 서로 싸우는 일이 쉽게 이루어지지 않을 것이다. 따라서 잡아먹거나 잡혀 죽거나 할 뿐이며, 한번 상대하여 힘이 부족하면 무조건 도망을 가게 된다.

그런데 인간은 동물과 달리 도구를 사용하며, 지능이 높기 때문에 상대보다 열등한 신체구조를 가졌더라도 그에 대한 공격성을 쉽게 버리지 않는다. 이는 인간에게는 동물들이 가지고 있는 공격을 향한 자기 억제 기능이 잘 진화되지 않았기에 동종인 인간에 대하여 동물들보다 훨씬 높은 공격성을 나타내고 있음을 의미한다. 이러한 이유로 인간 사회야 말로 인간들끼리의 강한 공격적 갈등이 존재한다고 하니, 로렌츠의 연구는 인간의 공격성에 대한 매우 의미 있는 결과이다.

인간의 사망 원인에는 질병과 노화를 비롯하여 천재지변 및 여러 가지 사고들이 있다. 그러나 살해를 당하여 죽는 경우의 비율은 생각보다 매우 높다. 인간 사회에서 동종 살해의 대표적인 예는 말할 것도 없이 전쟁이다. 그간 역사 속에서 얼마나 많은 사람들이 전쟁으로 죽어갔는가! 이처럼 전쟁이 인간의 인간에 대한 공격성에 기인한 것이라면, 인간의 동종 살해율은 어느 동물보다 높아지고 만다.

호랑이는 호랑이를 잘 죽이지 않는다. 또 사자

도 자기들끼리는 그렇게 쉽게 죽이지는 않는다. 자신들의 먹이를 위해 자신보다 약한 동물들을 잡아먹을 뿐이다. 그러나 인간들은 인간들끼리 서로 죽이는 경우가 허다하다. 이런 이유로 죽는 인간들의 비율이 매우 높다는 것은 인간 스스로 다시 한 번 되새겨보아야 할 문제이다.

프로이트가 주장한 기쁨의 원리와 현실의 원리를 따르려는 본능적 욕구에 대해서는 다시 한 번 약간의 추가적인 설명이 필요하다. 이 문제는 인간의 심리 구조를 이해하는 핵심적 문제가 되기 때문이다. 실제로 현재 정신분석학의 주류를 이루고 있는 '대상관계이론(Object Relation Theory)'에서도 상기 두 개념들은 매우 중요하게 다루어지고 있다.

프로이트는 인간의 심리 구조를 설명하면서 "자아와 이드(The Ego and the Id)"라는 논문을 통하여 '이드(Id)'와 '자아(Ego)' 그리고 '초자아(Superego)'라는 3가지 요소들을 제시하였다. 이때 이드란 영어로는 '그것(It)'을 의미하는 라틴어에서 차용된 개념으로 인간을 움직이는 원초적인 자아(원초아)로서 본능을 의미하고 있다. 그리고 자아란 넓은 의미로는 무의식적인 마음 전체를 의미하기도하지만 좁은 의미로는 이드로부터의 욕구를 승화시키거나 프로이트 자신이 말한 기쁨의 원리를 추구하려는 욕구로서 초자아와 갈등하는 요소로 설명되고 있다. 그리고 초자아란 앞서 논의한 바와 같이 프로이트가 지적한 현실의 원리에 근거하여 자아의 욕구를 억제하는 기능을 의미한다.

그런데 프로이트는 이미 『집단 심리와 자아의 분석*Group Psychology and the Analysis of the Ego*』에서 '자아이상(Ego Ideal)'이라는 개념을 언급한 바 있다. 이 때 자아이상이란 한 집단의 구성원이 희망하는 원초적인 희망, 혹은 꿈을 의미하고 있다. 그런데 원초적인 희망이 자아이상이라면 본질적으로는 본능이 원하는 이상적인 욕구라고도 할 수 있다. 따라서 자아이상이란 프로이트가 지적한 '에고(Ego: 자아)'와 일맥상통하는 면이 있다.

그렇다면 자아이상과 자아, 그리고 자아이상과 초자아는 구체적으로 어떤 차이가 있는 것인가? 불행하게도 프로이트는 이에 대한 명쾌한 답을 하지 않았다. 이러한 이유로 그 뒤 자아이상과 자아 그리고 초자아에 대한 해석에는 일련의 혼동이 나타나게 되었다.

우리 사회에도 널리 알려진 프로이트 심리학의 해석가로 유명한 홀(Calvin Hall, 1909~1985)은 『프로이트 심리학 입문*A Primer of Freudian Psychology*』에서 재미있는 해석을 하고 있다. 그에 따르면 초자아란 자아이상과 '양심(Conscience)'이라는 두 개의 요소들로 이루어져 있다고 한다. 자아이상이란 어린이들이 '오이디푸스 콤플렉스(Oedipus Complex)'를 경험하면서 도덕적으로 부모들의 좋은 면을 따르려는 욕구이며, 양심이란 부모들의 잘못된 점을 회피하려는 욕구라는 것이다. 그렇다면 자아이상은 초자아의 내부에 존재하는 하나의 부분적 욕구가 된다.

그러나 이러한 해석은 후일 대상관계이론가들에 의해 거부를 당하게 된다. 독일의 정신분석학자인 미체를리히(Alexander Mitscherlich, 1908~1982)는 『아버지 없는 사회*Society without the Father*』에서 자아이상을 초자아의 하위개념이 아닌 독립적인 개념으로 설명하고 있다. 즉, 자아이상이란 기쁨의 원리에 근거하여 자신이 하고 싶은 대로 하려는 욕구이며, 초자아는 현실의 원리에 근거하여 자아이상을 억제하려는 욕구를 의미한다는 것이다. 한마디로 자아이상을 초자아의 하위개념이 아닌 대칭적 개념으로 해석한 것이다. 그렇다면 자아이상은 프로이트가 앞서 지적한 에고와 비슷한 욕구가 된다.

이러한 해석은 자아이상 연구로 학계에 큰 주목을 받은 프랑스 여류 정신분석학자인 샤스귀에르 스미젤(Janine Chasseguet-Smirgel, 1928~2006)에 의해 더욱 명쾌하게 설명되고 있다. 그녀는 『자아이상*The Ego Ideal*』에서 자아이상은 원초적으로 기쁨을 추구하려는 욕구이며, 초자아는 오이디푸스 콤플렉스를 거치면서 후천적으로 현실의 원리를 따르려는 욕구라고 정의하고 있다. 이처럼 자아이상을 초자아의 대칭 개념으로 이해한다면 프로이트가 말한 에고와 자아이상은 차별이 없어진다.

상기의 주장들을 고려한다면 인간의 무의식적 구조는 다음과 같이 설명할 수 있다. 즉, 인간의 마음이란 거대한 무의식의 덩어리 속에 원초적인 자아라고 할 수 있는 본능이 있고, 기쁨의 원리를 추구하려는 자아이상과 현실의 원리를 따르려는 초자아적 욕구가 있다는 것이다. 이러한 해석은 프로이트가 말한 에고를 두 가지의 의미를 가진 것으로 이해하는 데 초점을 둔 것이다. 구체적으로 에고란 넓게는 인간 마음의 전체를 의미하기도 하지만 좁게는 초자아와 갈등 관계에 있다는 점에서 샤스귀에르 스미젤이 이야기하는 자아이상적 요소를 가졌다는 것이다.

따지고 보면 인간 내면에 존재하는 무의식의 덩어리 속에서는 언제나 자아이상의 욕구와 초자아의 욕구가 서로 갈등하고 있다. 프로이트가 말한 대로 인간은 본질적으로 슬픔을 줄이고 기쁨을 확대하려는 본능이 있다. 그러나 그대로 행동했다가는 비현실적 인간이 되고 만다. 따라서 초자아의 욕구를 받아들이는 것 자체도 일면 인간 생존을 위한 불가피한 본능적 처사라고 볼 수 있다. 이런 관점에서 공격성에 대한 초기 프로이트의 이론을 해석하는 데 넓은 의미라는 전제를 달아 기쁨의 원리뿐만 아니라 현실의 원리가 위해를 당했을 때까지를 포함한 것이다.

실제로 우리는 매 순간 자신의 기쁨을 추구할 것인가, 아니면 현실의 원리를 따를 것인가에 대한 갈등을 겪고 있다. 그 갈등의 핵심은 이상을 따르자니 현실적 제약이 따르고, 현실을 따르자니 자신의 이상이 상처를 받게 된다는 점이다. 이렇게 보면 인간이란 외부 대상과의 갈등을 떠나서도 내부적으로도 자아이상과 초자아 사이에서 스스로 끊임없는 갈등을 겪고 있다고 할 수 있다.

참고 사항(1-1: 본능 이론)

* 프로이트가 주장한 기쁨의 원리에 관해서는 Sigmund Freud, *Beyond the Pleasure principle*, Translated by James Strachey(New York and London: W. W. Norton & Company, 1961), 참고.

* 프로이트가 설명한 문명과 그 불만족에 관해서는 Sigmund Freud, *Civilization and Its Discontents*, Translated by James Strachey(New York and London: W. W. Norton & Company, 1961), 참고(특히 p.69).

* 로렌츠의 공격성에 관한 연구에 대해서는 Konrad Lorenz, *On Aggression*(New York: Harcourt, Brace, and World, 1966), 참고(특히 pp.28~29).

* 프로이트가 제시한 이드와 자아, 그리고 초자아에 대해서는 Sigmund Freud, "The Ego and the Id"(S.E. *The Standard Edition of the Complete Psychological Works of Sigmund Freud*, Vol. XIX, pp.13~68), 참조.

* 프로이트가 설명한 자아이상에 대해서는 Sigmund Freud, *The Group Psychology and the Analysis of the Ego*(New York and London: W. W. Norton & Company, 1959), 참고.

* 홀의 자아이상과 초자아의 설명에 대해서는 Calvin S. Hall, *A Primer of Freudian Psychology*(New York: World Publishing Co., 1974), 참고,

* 미체를리히의 저서인 아버지 없는 사회에 대해서는 Alexander Mitscherlich, *Society without the Father*(New York:

A Hellen and Kurt Wolff Book, Harcourt, Brace & world, Inc., 1963), 참고.

* 샤스귀에르 스미젤이 주장한 자아이상에 대해서는 Janine Chasseguet-Smirgel, *The Ego Ideal*(New York and London: W. W. Norton & Company, 1975), 참고. 또한 Janine Chasseguet-Smirgel, "Some Thoughts on the Ego Ideal: A Contribution on the Study of 'Illness of Ideality'", in *The Psychoanalytic Quarterly*(Vol. 30, 1961, pp.171~209), 참조.

* 필자가 논의한 자아의 심리 구조에 대해서는 김용신, 『나는 누구인가: 일반인을 위한 정신분석학』(서울: 살림출판사, 2013), pp.27~31 참조.

불만-공격 이론

공격성이 표출되는 동기에 초점을 둘 때 앞서 논의한 프로이트의 본능 이론은 너무나 단순하다. 인간의 폭력 행위는 인간의 공격적 본능에 기인한다는 결과론적 입장만을 강조하고 있기 때문이다. 따라서 많은 심리학자들은 프로이트의 본능 이론을 비판하기 시작하였다. 그리고 일부에서는 인간의 공격적 폭력 행위를 유발하는 직접적 원인은 인간의 내적인 공격적 본능에 있다기보다는 어떤 상황에 대한 분노의 감성적 표출에 기인한 것이라고 주장하고 나섰다. 이는 인간 내부의 공격적 본능을 폭력 행위에 대한 내적인 추동 인자로 규정하지만, 직접적으로는 목적 지향적인 행위에 대한 방해가 폭력적 행위를 유발시킨다는 점을 강조한 것이다.

이와 같은 전제하에서 불만과 공격성의 표출 관계를 연구한 학자들은 달라드(John. Dollard)와 그의 동료들(Leonard W. Doob; Neal E. Miller; O. H. Mowrer; and Robert R. Sears)이다. 이들은 공동으로 집필한 『불만과 공격*Frustration and Aggression*』에서 공격적 행위란 그 형태가 무엇이든 언제나 불만에 근거하고 있다고 주장하고 있다. 그리고 이에 대한 구체적 증명을 위해 "불만의 양(Amount of Frustration)," "처벌의 영향(Effect of Punishment)," "공격의 전치(Displacement of Aggression)," "폭력의 정화(Catharsis of Aggression)" 라는 네 가지 요소들에 관심을 가져야 한다고 말하고 있다. 그리고 결론적으로 공격적(혹은 폭력적) 행위에 대한 처벌이 강하면 강할수록 공격성이 줄어들며, 불만이 높으면 높을수록 공격적 행위가 더 많이 유발된다고 주장하고 있다.

달라드와 그의 동료들의 연구는 불만이 있으면 언제나 공격성이 발휘된다는 의미를 함축하고 있다. 그러나 일부 학자들은 이러한 논리는 불만과 공격을 불가분의 관계로 설정하는 오류를 범하고 있다고 비판하기 시작하였다. 사람들 사이에는 공격적 행위가 가져올 결과에 대한 예견이 각기 다르기 때문에 어떤 사람들은 불만이 있어도 공격적 행위를 하지 않을 수도 있기 때문이다.

특히 버코위츠(Leonard Berkowitz)는 『공격성의 뿌리*Roots of Aggression*』에서 공격적 행위는 예견되는 목적적 반응이 작동할 때에만 야기된다고 주장하고 있다. 구체적으로 외부적 자극을 통한 불만이 공격성을 유발하지만, 더 중요한 것은 내적으로 공격적 행위가 가져올 결과에 대한 예견적 반응이라는 것이다. 이는 불만이 있더라도 그 불만의 표출이 가져올 예견되는 결과가 흡족하지 않으면 공격성이 자제된다는 말이다.

추가하여 정치학자로서 『인간의 저항 이유*Why Men Rebel*』를 발표하여 크게 화제를 모았던 테드 거(Ted Robert Gurr)의 상대적 상실(Relative-Deprivation) 이론도 언급하지 않을 수 없다. 그는 상기 저서에서 심리학에서의 불만 이론을 일부 받아들이면서 공격적 행위나 갈등은 불만에 따른 '분노(Anger)'로부터 야기된다고 전제하고 있다. 그리고 구체적으로 분노는 현실과 기대 간의 불균형에서 비롯된다고 강조하고 있다.

상대적 상실 이론은 그 영문 머리글을 따서 소위 'RD모델'이라고 부르고 있다. RD모델의 핵심적 결론은 한마디로 상대적으로 상실감이 강하면 강할

수록 공격적 행위가 유발되기 쉽다고 말할 수 있다. 이 때 굳이 상대적이라는 용어를 추가한 이유는 현실과 기대에 대한 불균형에서 오는 상실감 그리고 이에 따른 분노의 정도는 사람들마다 각기 다르기 때문이다.

실제로 상기 RD모델은 상대적이라는 용어를 사용함으로써 태도와 행동 간의 연결성에 대해 애매한 입장에 놓였다. 이에 착안하여 뮬러(Edward N. Muller)는 불만에 따른 공격적 행위의 유발에 대한 보다 객관적 연구를 위해 행동을 결정하는 기본적인 요소를 제시하고 나섰다. 그것은 "행동에 대한 태도(Attitude of Action)," "행동에 대한 규범적(혹은 도덕적) 신념(Normative Beliefs about Action)," 그리고 "규범(혹은 도덕)을 만족시키는 동기(Motivation to Comply with Norm)"라는 세 가지 요소들이다.

이에 기초하여 뮬러는 매우 흥미로운 소위 "기대 가치 규범(Expectancy-Value-Norm)"이라는 모델을 개발했다. 이 모델에 따르면 결론적으로 공격 혹은 폭력적 행위는 그 행위를 수행하기 위한 개인의 실리적(Utilitarian) 동기, 개인의 도덕적 동기, 그리고 사회적 규범의 영향에 의해 결정된다는 것이다. 이러한 분석은 여타 이론들의 약점을 일부 보완하고 있다.

지금까지는 심리학적 입장에서 불만에 따른 공격행위의 유발에 대한 중요한 연구들을 살펴보았다. 이들은 한편으로는 인간의 공격적 본능을 내재적인 요인으로 두고, 다른 한편으로는 외적인 불만 표출과 이에 따른 공격적 행동의 연관성에 주목하였다는 점에서 매우 설득력이 있다. 나아가 객관적 연구라는 이름 아래 많은 변수들을 고려하여 나름대로의 공감대를 넓혀 온 것은 인정할 만하다. 실제로 이들의 연구들은 폭력적 행위의 표출에 대한 현실적인 이해를 돕는 데는 많은 공헌을 하였다.

그럼에도 불구하고 이들 연구들의 객관성에 관해서는 풀 수 없는 본질적 문제가 도사리고 있음도 부인할 수 없다. 일반적으로 불만이 공격 혹은 폭력적 행위의 원인이 된다는 것은 이해할 만하다. 그런데 어느 정도의 불만이 공격성을 유발하는가는 문제는 뮬러의 기대 가치 규범이란 모델을 통해서도 그 객관성을 도출하기가 매우 어렵다는 것이다. 인간의 기대나 가치, 혹은 도덕에 대한 심리적 반응에는 다양한 차이가 있기 때문이다.

또한 인간은 어떠한 때에 불만과 분노가 야기되는가에 대한 것도 한번 집고 넘어가야 할 문제이다. 이에 관해 RD모델에서는 현실과 기대간의 불균형이 불만 야기의 기본이 된다고 주장하고 있다. 이는 매우 설득력이 있다. 그러나 이 역시 각 개인의 감성적 성향에 따라 그 불균형을 인식하는 정도에 차이가 있기 때문에 그 객관적 의미를 파악하는 데 일련의 문제점이 있다.

참고 사항(1-2: 불만-공격 이론)

* 달라드와 그의 동료들에 의한 불만과 공격성의 연구에 대해서는 John. Dollard; Leonard W. Doob; Neal E. Miller; O. H. Mowrer; and Robert R. Sears, *Frustration and Aggression*(New Haven: Yale University press, 1939), 참고. 또한 Edwin I. Megagee and Jack K. Hokanson, *The Dynamics of Aggression*(New York: Harper & Row, Publishers, 1970), 참고(특히 p.27).

* 버코위츠의 공격성의 뿌리에 대해서는 Leonard Berkowitz, *Roots of Aggression*(New York: Atherton Press, 1969), 참고(특히 p.3).

* 테드 거의 RD모델에 대해서는 Ted Gurr, *Why Men Rebel*(Princeton, NJ: Princeton University Press, 1970), 참고(특히 pp.3~4, 24 and 197~232).

* 뮬러의 "기대 가치 규범(Expectancy-Value-Norm)" 모델에 대해서는 Edward N. Muller, *Aggressive Political Participation*(Princeton, NJ: Princeton University Press, 1979), 참고(특히 pp.17~18 그리고 30~31). 또한 Edward N. Muller, "The Psychology of Political Protest and Violence" in *Handbook of Political Conflict*, Edited by Ted Gurr(New York: Free Press, 1980), 참고(특히 p.85).

사회적 학습이론

사회적 학습이론은 다분히 사회심리학적 관점에 기초한 이론이라고 할 수 있다. 이러한 이론의 배후에는 인간은 사회적 영향을 피할 수 없는 존재라는 가설이 자리하고 있다. 이 문제는 정신분석학에서도 매우 중요한 이슈로 다루어져 왔다. 왜냐하면 그간의 정신분석학은 인간의 성격이 본능에 기인한 것인가, 아니면 사회적인 영향 속에 있는가에 대한 논쟁이 있어 왔고, 이에 따라 다양한 이론들이 나타났기 때문이다.

초기 프로이트의 본능 이론에 따르면 인간의 모든 행동들은 동물적인 본능에 근거한다는 결론에 도달하게 된다. 이러한 프로이트의 이론은 인간의 사회적 영향력을 강조하는 학자들에게는 설득력을 갖지 못하게 되었다. 이 때 정신분석학계에서 프로이트의 본능 이론에 반기를 든 학자는 설리번(Harry S.

Sullivan, 1892~1949))이었다. 그는 프로이트는 인간의 자아 형성에 있어서 외부의 환경적 요인을 무시하고 있다고 주장하고 나섰다.

그는 『정신병리학의 대인관계이론*Interpersonal Theory of Psychiatry*』에서 외부의 사회문화적 요인이 자아의 형성에 미치는 영향을 강하게 주장하였다. 즉, 프로이트는 오직 본능만을 강조함으로써 사회적 동물로서 인간의 심리적 현상이 환경에 지대한 영향을 받는다는 점을 간과하였다는 것이다. 이는 인간의 모든 행동은 본능에만 의존하는 것이 아니라, 외부로부터 크게 영향을 받는다는 점을 분명히 한 것이다.

설리번의 주장은 많은 학자들로부터 호응을 받기 시작했다. 그리고 후일 정신분석학의 새로운 흐름으로서 미국의 정신분석학계에 큰 영향을 미친 '대인정신분석학(Interpersonal Psychoanalysis)'이라는 학파를 형성하게 된다. 이러한 대인정신분석학파적 흐름을 따르는 사람들을 우리는 흔히 '신프로이트학파(Neo-Freudian School)'라고 부르기도 한다. 이들은 인간의 심리나 성격 혹은 행동을 논함에 있어서 사회문화적인 요소를 강조하는 사람들로서, 프로이트의 정신분석학에 새로운 논리를 추가하였다.

인간의 폭력적 행동이 사회적 학습에 크게 영향을 받는다는 이론은 따지고 보면 결국 대인정신분석학의 주장과 그 맥을 같이 한다고 볼 수 있다. 이러한 입장에서 미국의 심리학자인 반두라(Albert Bandura)와 그의 동료들은 폭력적 행동에 대한 외부의 학습 효과를 정리하기 시작하였다. 이들은 폭력 혹은 공격성을 부추기는 인자로서 본능적인 요소보다는 폭력적 행동의 다양한 양상들이 어떻게 사회적으로 학습되며 지속되는가에 연구의 초점을 두고 그들의 주장을 전개해 갔다.

반두라는 『공격성: 사회적 학습 분석*Aggression: A Social Learning Analysis*』에서 행동 양상이란 다른 사람들의 행동에 대한 직접경험이나 관찰 속에서 강하게 영향을 받는다고 주장하고 있다. 따라서 사회적 학습 과정이야말로 폭력 행위에 중요한 영향을 미치는 요소라고 강조하고 있다. 한마디로 인간의 폭력 행위는 사회적으로 다른 사람들의 폭력 행위를 경험하면서 학습되고, 다른 사람들의 행동들에서 그 폭력의 결과를 예상함으로써 계속적으로 야기된다는 것이다. 이와 관련하여 반두라는 청소년들과 인터뷰를 통한 연구 결과 부모로부터 일정한 통제를 받고 있는 경우가 그렇지 않는 경우보다 폭력에 대한 죄의식이 더 강하게 나타나고 있다고 주장한다.

반두라의 이론은 앞서 불만에 의한 폭력 행위의 결과에 대한 예견성을 제시한 버코위츠의 이론과 일부 연결성을 가지고 있다. 버코위츠의 주장대로 폭력이 그 행위가 가져올 결과에 따라 큰 영향을 받는다면, 사회적으로 다른 사람들의 폭력 행위들을 보고 그 결과가 가져오는 파장도 예견할 수 있다. 이는 자기가 경험하거나 관찰한 폭력 행위가 가져오는 사회적 파장에 기초하여 유사 혹은 다른 양상의 폭력 행위를 할 수 있다는 학습적 효과가 매우 중요하다는 것을 의미한다.

불만에 따른 공격 이론에 있어서는 불만이 폭력 행위 유발의 본질적 원인이 된다. 그런데 사회적 학습이론은 불만이 없어도 사회적으로 학습된 폭력적 행위의 반응에 따라 다양한 폭력 행위들이 유발됨을 강조하고 있다. 예를 들면 어린이들이 텔레비전이나 영화 속에 나타난 폭력 행위 등을 보고 아무 죄의식 없이 그대로 답습하는 경향이 있음은 이러한 사회적 학습이론을 뒷받침하고 있다고 할 수 있다.

사회적 학습이론이 주장하듯이 우리는 인간의

행동이 사회적으로 큰 영향을 받는다는 점을 부인할 수는 없다. 그렇다면 프로이트가 초기에 주장한 본능의 힘은 어떻게 해석해야 하는가? 인간의 심리 현상을 이해하려는 사람들은 어떤 형태로든 이에 대한 나름의 답이 있어야 한다. 이 답을 위해서는 약간은 지루할 수도 있지만 현대 정신분석학의 흐름을 한번 집고 넘어갈 필요가 있다.

정신분석학에서는 인간의 심리가 외부의 영향을 받는 상태를 '내사(Introjection)' 라고 부르고 있다. 그렇다면 인간의 심리는 본능과는 상관없이 내사에만 의존하고 있는 것인가? 이 문제는 인간 무의식을 연구하는 정신분석학에서 매우 중요한 내용이다. 왜냐하면 정신분석학이 인간 무의식의 동적 양상을 연구하는 한, 그 무의식의 형성과 발달 과정이야말로 제일 중요한 기초적 연구 과제이기 때문이다.

이러한 질문 하에서 정신분석학계에는 또 다른 이론이 나타나게 되는데 이는 바로 영국의 여류 정신분석학자인 클라인(Melanie Klein, 1882~1960)의 주도로 형성된 '대상관계이론(Object-Relation Theory)'이다. 프로이트가 인간의 육체란 단순히 본능의 소산이라고 주장한 데 반해, 클라인은 본능이란 타인을 향한 감성이라고 재해석하였다. 즉, 본능과 외부의 대상을 구분하려 들지 않은 것이다. 따라서 그는 프로이트의 양대 본능인 사랑과 죽임(혹은 공격성)을 '사랑(Love)'과 '미움(Hate)'이라는 양대 감성으로 설명한다.

클라인은 많은 실험을 통해 어린이가 자기를 보살펴준 어머니를 좋게 느끼면 사랑의 감정이 싹트고 나쁘게 느끼면 증오의 감정이 생기게 됨을 발견하였다. 이러한 관찰을 통해서 그는 프로이트가 제시한 사랑과 죽임이라는 본능은 따로 존재하는 것이 아니라 외부와의 관계 속에서 생성되는 인간 감성의 핵심적 요소라고 강조한다. 이러한 논리는 대인정신분석학의 입장과 프로이트의 본능 이론을 적절히 조화시킨 것이다.

따라서 현대 대상관계이론에서는 자아란 외부와의 관계 속에서 내사와 '투사(Projection)'를 통해 형성된다는 결론에 도달한다. 이때 내사에 반해 투사란 외부 환경을 향한 자아의 반응을 의미한다. 실제로 대개의 현대 정신분석학자들은 대상관계이론이 주장하는 자아의 형성 이론을 따르고 있다고 해도 과언은 아니다.

대인관계이론의 주장대로라면 예를 들어 주정

뱅이의 아버지를 둔 어린이는 다시 주정뱅이가 되기 쉽다. 또 사회적 학습이론에 따르면 폭력적 영화 등을 본 어린이는 폭력적 행위를 배워서 행동에 옮길 확률이 매우 높다. 그런데 우리는 그렇지 않은 경우도 상당히 많이 보고 있다. 왜 그럴까? 그것은 같은 환경에 자라더라도 각기 그 환경에 반응하는 자아의 힘이 다르기 때문이다. 이를 인정한다면 우리는 대상관계이론에서 주장하듯이 인간의 자아란 환경적 영향을 일부 받으면서도, 그에 대한 각기 다른 반응에 따라 다양하게 형성된다고 말할 수밖에 없다.

참고 사항(1-3: 사회적 학습이론)

* 설리번의 대인정신분석학에 대해서는 Harry S. Sullivan, *Interpersonal Theory of Psychiatry*(New York: Norton, 1953), 참고. 김용신, 『나는 누구인가: 일반인을 위한 정신분석학』, pp.11~13 참조.
* 반두라의 사회적 학습이론에 대해서는 Albert Bandura, *Aggression: A Social Learning Analysis*(Englewood Cliffs, NJ: Prentice-Hall, Inc., 1972), 참고(특히 pp.12, 16, 44, 53).
* 클라인의 대상관계이론에 대해서는 Melanie Klein, *Contribution to Psychoanalysis*(London: The Hogarh Press, 1968), 참고. Melanie Klein, *The Writings of Melanie Klein*(London: Horgarh Press, 1975),참고. Jay R. Greenberg and Stephen A. Mitchell, *Object Relations in Psychoanalytic Theory*(Cambridge, Mass: Harvard University Press, 1983), 참고. 김용신, 『나는 누구인가: 일반인을 위한 정신분석학』, pp.13~16 참조.

정신분석학적 이론

정신분석학에서 주장하듯이 인간의 모든 행동은 무의식의 절대적 영향을 받는다는 사실은 인간의 행동 원인에 대한 연구 분야에서 널리 인정되고 있다. 그럼에도 불구하고 지금까지 정신분석학의 지식은 갈등이나 폭력에 대한 연구에 광범위하게 적용되지는 못했다. 극히 소수의 연구들을 제외하고 대개의 연구들은 단순히 사회 및 심리학적 입장에서 이 문제를 논의했을 뿐이다.

이러한 점에서 우리는 그간 시도되어온 몇 개의 흥미로운 정신분석적 접근들을 살펴볼 필요가 있다. 구체적으로 폭력의 원인에 관한 정신분석학적 해석들은 크게 3가지 분야들로 나누어 살펴볼 수 있다. 그 하나는 나치 치하의 폭력 행위에 대한 연구이며, 다음으로는 집단의 퇴행적 행위에 관한 연구, 그리고 마지막으로는 혁명적 성격에 관한 연구이다. 이러한 연구들은 정신분석학적 지식에 근거하여 갈등과 폭력을 이해하려는 데 큰 도움이 되고 있다.

나치 폭력에 관한 연구

나치에 의한 대학살(Holocaust) 등의 폭력 행위에 대한 연구는 크게 사례 연구(Case Study)와 문화적 배경에 대한 연구로 구별할 수 있다. 사례 연구의 경우 대개는 나치 폭력을 경험하고 생존해 있는 피해자들의 정신 상태를 분석하는 데 초점을 두고 있다. 때문에 폭력 행사자들의 입장을 이해하는 데는 한계가 있다. 그러나 미국의 정신의학자인 리프톤(Robert Lifton)은 나치 치하 폭력 행사자들에 대한 심리 현상을 분석하고 있어서 매우 흥미롭다.

리프톤은 『나치 의사들*The Nazi Doctors*』에서 나치에 의한 생체 실험 및 고문에 참여했던 의사들을 직접 면담하고 그들의 정신 상태에 대한 분석 결과를 발표하였다. 그는 본 연구에서 프로이트의 본능 이론을 떠나서 소위 '삶과 죽음의 상징화(Symbolization of Life and Death)'에 초점을 맞추었다. 프로이트의 본능

이론을 따르면 나치의 의료적 살인은 단순히 공격적 본능 혹은 가학성(Sadism)에서 유래된 만행일 뿐이다. 그러나 리프톤은 나치 잔혹 행위는 이념의 연계성에 더하여 특정한 개인의 정신분석적 구조에 근거한 것이라는 점을 강조하였다.

그 결과 리프톤은 나치 의사들의 살인 행위는 정신적으로 '치료(Healing)와 살인(Killing)'에 대한 경계의 파괴에 따른 것이라고 주장한다. 즉, 살인에 참여한 나치 의사들은 치료와 살인을 혼동하는 소위 '정신분열적 상황(Schizophrenic Situation)'에 있었다는 것이다. 그의 분석에 따르면 나치 의사들은 나치 캠프에서는 살인자로 행동하였지만 그들의 행위를 하나의 치료로 혼동했다는 것이다. 그러니 집에 와서는 좋은 남편 혹은 좋은 아빠의 역할을 했다고 한다. 그야말로 치료와 살인의 경계가 파괴됨으로써 유발된 양극적 성격을 여실히 보여준 것이다.

나치 폭력에 대한 문화적 접근에 있어서는 우리 사회에도 잘 알려진 프롬(Erich Fromm, 1900~1980)의 연구를 들 수 있다. 그는 『자유로부터 도피*Escape from Freedom*』에서 자본주의는 독일의 중산층에게 무력감을 주었으며, 이는 그들에게 강해지고 싶은 욕구를 불러일으킴으로써 나치 독재가 나타나게 되었다고 주장하고 있다. 정신분석적으로 강함에 대한 사랑은 독일의 지도자와 대중에게 '가학-피학적(Sado-Masochistic)' 욕구를 불러일으켰다는 것이다. 이는 나치 지도자의 가학성과 이를 강함의 이름으로 따랐던 독일 대중의 피학적 퇴행성을 지적한 것이다.

프롬 이후 괄목할 만한 연구는 핸슨(John Hanson)의 나치 문화에 대한 연구이다. 그는 특이하게 타인을 억압하는 과정에서 나타난 환상(Phantasy, or Fantasy)이라는 관점에서 나치 문화를 분석했다. 그는 결론적으로 자본주의를 통한 정치 경제적 어려움은 독일 국민에게 걱정을 안겨주었고, 그 걱정을 환상 속에서 해결하려고 한 결과 나치 문화가 형성되었다고 주장하였다. 이 과정에서 독일 국민들은 죄의식을 상실한 채 그들의 붕괴된 자아는 강력한 권위를 추구함으로 그 정당성을 찾으려고 했다는 것이다.

집단의 퇴행성에 관한 연구

집단의 퇴행성에 관한 연구로는 우선 앞서 언급한 프로이트의 『집단 심리와 자아의 분석』을 들 수 있다. 프로이트는 인간은 지도자가 필요한 '군거 동물(Herd Animal)'이라고 규정하고, 경우에 따라서는 집단 구성원들은 지도자로부터 그들의 자아이상을 찾게 된다고 설명하고 있다. 이 경우 구성원들은 지도자에 복종하면서 그를 위해 폭력적 행위라도 두려워하지 않게 되는 퇴행성을 불러일으킬 수 있다는 것이다. 이는 구성원들이 지도자에 의하여 강조된 집단의 이상과 자신들의 자아이상을 동일시하면서 무조건 지도자에 복종하는 정신적 퇴행성을 의미한다.

프로이트 이후 집단의 퇴행성 연구는 영국의 정신분석학자인 바이온(Wilfred Bion, 1897~1979)에 의해 더욱 구체화되었다. 그는 『집단 속에서의 경험 및 기타 논문들 *Experiences in Groups and Other Papers*』에서 퇴행적 행위를 나타내는 3종류의 집단들을 제시하고 있다. 이들은 '종속 집단(Depent Group)'과 '지도자를 기다리는 집단(Pairing Group: 짝짓기 집단)' 그리고 '투쟁 집단(Fight-Flight Group)' 이다.

종속 집단이란 프로이트가 지적한 대로 구성원들이 지도자에 완전히 종속되어 있는 집단을 의미한다. 그리고 여기에서 영문으로 '짝짓기(Pairing)' 집단으로 직역될 수 있는 집단이란 아직 지도자가 없지만 미래에 구성원들의 모든 문제를 해결해줄 메시아 같은 지도자를 기다리는 집단을 의미한다. 따라서 이는 '지도자를 기다리는 집단'으로 설명할 수 있다. 그리고 투쟁 집단이란 그 집단의 본질적 목적이 투쟁에 있는 경우를 말한다.

이 세 집단들 중에서도 투쟁 집단은 그들의 목적 달성을 위해 폭력까지 사용하는 퇴행성을 자주 보일 수 있다. 그리고 종속 집단에서도 지도자를 위한 맹목적 복종은 이를 거부하는 세력에 대해서 폭력적 퇴행성을 보이기도 한다. 다만 미래에 나타날 자신들의 진정한 지도자를 기다리는 경우에는 직접적인 폭력성은 타 집단보다 약하다. 그러나 진정한 지도자가 누구냐에 대한 심한 갈등을 겪을 수 있으며, 이 과정에서 폭력이 유발될 수 있다.

혁명적 성격에 관한 연구

셋째로 혁명적 성격에 관한 대표적인 연구는 정치학자로서 프로이트의 정신분석적 이론을 일부 받아들인 라스웰(Harold C. Lasswell, 1902~1978)과 프로이트가 제시한 오이디푸스 콤플렉스 개념을 활용한 울펜슈타인(Eugene Victor Wolfenstein, 1940~2010)의 연구들을 들 수 있다. 이들은 공히 정치적 지도자 혹은 혁명가의 성품에 대한 정신분석적 해석을 하면서 이 속에 내재된 퇴행성들을 지적하고 있다. 물론 그 퇴행성 속에는 다분히 폭력적 요소가 들어 있기에 폭력행위와 연관된 지도자의 성격을 이해하는 데 일련의 실마리를 제공하고 있다.

라스웰은 프로이트가 제시한 '자아도취적(Narcissistic)' 성격에 근거하여 지도자는 자신의 결점을 상쇄하기 위한 수단으로 권력을 추구하는 경향이 있음을 지적하고 있다. 그는 『정신병리학과 정치 *Psychopathology and Politics*』에서 정치인은 공공의 이익이라는 미명 아래 자신의 개인적 욕구를 공공 목적으로 '전치(Displacement)'시키려고 노력한다고 했다. 예를 들면 많은 지도자들의 이상은 어린 시절 아버지가

했던 것처럼 자신도 모든 것을 할 수 있다는 신념에 기초한다는 것이다. 그리고 결론적으로 대개의 혁명이 퇴행적 모습을 보이는 이유는 혁명 지도자들이 그의 어린 시절 정신적 상처를 보상받기 원하는 심리를 가지고 있기 때문이라고 설명하고 있다.

울펜슈타인은 라스웰의 전치에 대한 가설을 보다 발전시켰다. 그는 프로이트가 제시한 오이디푸스 콤플렉스를 통해 어린이가 자신의 아버지에 대한 적대감을 정치 지도자의 행동에 적용하였다. 다시 말하면 현실의 권력을 아버지의 권위로 이해하여 여기에 도전하려는 욕구가 바로 혁명가적 성격의 핵심을 이룬다는 것이다.

그런데 울펜슈타인은 꼭 아버지에 대한 적대감만이 혁명적 성격의 전부는 아닌 것으로 보고 있다. 그는 레닌(Vladimir Lenin, 1870~1924)과 트로츠키(Leon Trotsky, 1879~1940) 그리고 간디(Mahatma Gandhi, 1869~1948)의 성격을 분석하면서 나쁜 아버지와 인자한 아버지를 동시에 대칭적으로 거론하고 있다. 그들에게 있어서 나쁜 아버지는 차르의 전체주의(Tsarism)나 영국의 제국주의(British Imperialism)로, 그리고 인자한 아버지는 공산사회(Communist Society)나

독립(National Independence)으로 전치되고 있다는 것이다.

울펜슈타인의 해석은 일면 설득력이 있다. 그러나 오이디푸스 콤플렉스 개념을 활용한다면 또 다른 해석도 가능하다. 아버지에 대한 적대감이 기존 정치 권위에 대한 도전적 욕구를 불러일으켰다면, 그 혁명가가 바라는 이상세계는 그 자신의 자아이상으로서 어머니에 대한 사랑에 뿌리를 두고 있다고 설명할 수 있기 때문이다. 이때 어머니에 대한 사랑은 자신이 사랑하고 지켜야 할 조국 혹은 국민으로 전치될 것이다.

참고 사항(1–4: 정신분석학적 이론)

* 리프톤의 나치 의사들의 연구에 대해서는 Robert Lifton, *The Nazi Doctors: Medical Killing and the Psychology of Genocide*(New York: Basic Books, 1986), 참고(특히 pp.13~15).

* 프롬의 저서인 자유로부터 도피에 대해서는 Erich Fromm, *Escape from Freedom*(New York: Rinehart & Co., 1941), 참고(특히 pp.231~264).

* 핸슨의 나치 문화 연구에 대해서는 John H, Hanson, "Nazi Culture: The Social Uses of Fantasy as Repression," in Luel and Marcus, ed., *Psychoanalytic Reflections on the Holocaust: Selected Essays*(New York: Holocaust Awareness Institute, Center for Judaic Studies, University of Denver, and Ktav Publishing House Inc., 1984), pp.35~69 참조.

* 프로이트의 집단 심리 연구에 대해서는 Sigmund Freud, *The Group Psychology and the Analysis of the Ego*, 참고(특히 pp.13 and 53~61).

* 바이온의 집단의 퇴행성 연구에 대해서는 Wilfred R. Bion, *Experiences in Groups and Other Papers*(London: Tavistock, 1961), 참고(특히 143~147).

* 라스웰이 주장한 정치인의 속성에 대해서는 Harold D. Lasswell, *Psychopathology and Politics*(New York: The Viking Press, 1960), 참고(특히 pp.175 and 264~265).

* 울펜슈타인의 혁명적 성격의 분석에 대해서는 E. Victor Wolfenstein, *The Revolutionary Personality*(Princeton,

NJ: Princeton University Press), 1967 참고(특히 pp.307~308).

* 필자가 주장하는 자아이상과 어머니와의 연결성 및 그 전치 현상에 대해서는 Yong Shin Kim, *The Ego Ideal, Ideology, and Hallucination*(New York and London: University Press of America, 1992), 참고(특히 pp.123~136).

2. 갈등과 폭력을 유발하는 무의식적 요소들

지금까지 우리는 갈등과 폭력에 대한 심리학 내지는 정신분석학적 이론들을 두루 살펴보았다. 그리고 이를 통해 공격 및 폭력 행위에 대한 다양한 원인들을 이해할 수 있었다. 또한 갈등을 유발하는 요소들도 일부나마 감지할 수 있었다. 그러나 한편으로는 각 이론마다 약간의 한계성을 가지고 있음도 알게 되었다. 이는 대개의 연구들이 특수한 접근법을 사용했기 때문일 것이다. 이런 점에서 우리는 갈등과 폭력에 대한 보다 포괄적인 이해의 필요성을 다시 느끼게 된다.

이러한 필요를 충족시키기 위해서는 "우리는 왜 싸우는가?" 라는 질문의 답을 보다 구체적으로 논의할 필요가 있다. 본 질문에 대한 정신분석학적 대답을 위해서는 먼저 갈등과 폭력을 야기하는 인간 무의식의 동적 양상들을 살펴보아야 할 것이다. 이는 인간의 모든 행동은 무의식의 절대적인 영향을 받는다는 정신분석학의 기본적 전제에 근거한 논리이다.

따라서 본 장에서는 필자가 그간 연구한 정신분석학적 지식을 근거로 갈등과 폭력을 야기하는 가장 기본적인 무의식의 동적 양상들을 몇 가지로 요약하고자 한다. 이러한 노력은 정신분석학적 입장에서 우리가 규명하고자 하는 인간은 왜 싸우는가에 대한 다양한 대답들을 유도하게 될 것이다. 뿐만 아니라 이는 갈등과 폭력에 대한 새로운 이론들을 도출하는 좋은 실마리들은 제공하게 될 것이다.

생존을 위하여

인간의 본능에 공격성이 내재되어 있다는 내용은 이미 프로이트의 본능 이론을 통하여 일부 밝힌 바 있다. 그런데 본능에 관하여 이야기 하는 한, 우리는 인간이 살고 싶어 하는 본능을 제외시킬 수는 없다. 삶을 향한 '자기 보존(Self- Preservation)'의 본능이야말로 프로이트가 말한 사랑과 죽임의 본능보다 더 근본적인 것일 수 있다. 기쁨의 원리나 현실의 원리를 따르려는 욕구, 그리고 이에 따른 공격성의 발현도 따지고 보면 모두가 자신의 생존을 위한 것이기 때문이다.

프로이트의 이론 중 인간의 원초적 에너지로서 일명 '성애'라고 표현할 수 있는 '리비도(Libido)'는 결국 사랑이라는 본능의 기본이 된다. 그런데 이 역시 따지고 보면 삶의 유지를 위한 것이라고 볼 수 있다. 인간은 죽을 수밖에 없는 존재이지만 그 대신 자신을 복제하는 능력을 가지고 있다. 이로 인해 인간은 자신의 유전인자를 가진 후손들을 번식해 가고 있다. 그러니 리비도야말로 인간의 계속적인 생존을 위한 수단을 마련해 주고 있다고 할 수 있다.

죽임의 본능도 마찬가지이다. 만약 우리에게 공격적인 본능이 없다면 인류는 이미 멸망하고 말았을 것이다. 우리는 타 동식물들을 죽여 이들로 영양을 섭취하면서 생명을 유지하고 있다. 만약 죽임의 본능이 없다면 인간은 삶을 위해 타 동식물들을 잡아먹는 일이 매우 어려웠을 것이다. 이야말로 죽임의 본능도 우리의 생존을 위한 필수적 요소가 된다는 사실을 말하고 있다.

그런데 여기에 한 가지 흥미로운 내용이 있다. 그것은 본능을 따르면 기쁨을 느끼게 된다는 점이다. 만약 사랑을 하는데 기쁨이 수반되지 못한다면 우리는 자손들을 번성시키기 매우 어려웠을 것이다. 또한 죽임의 본능도 동식물을 잡아먹는 일이 우리에게 고통을 준다면 생명을 유지하기 어려웠을 것이다. 소위 먹는 즐거움을 우리는 잘 알고 있다. 따라서 인간은 사랑과 죽임이라는 양대 본능을 발현할 때 기쁨을 느낄 수 있도록 구조되어 있다. 이러한 욕구들은 결국 우리의 생명 유지를 위한 본질적 요소들이다.

생명 유지를 위한 자기 보존의 본능은 프로이트보다 훨씬 이전 영국의 철학자인 홉스(Thomas Hobbs, 1588~1679)에 의해서 처음 강조되었다. 홉스하면 제일 먼저 떠오르는 말이 '만인의 투쟁(All Against All)'이다. 그에 따르면 문명 이전의 자연 상태에서 인간은 각자 생존을 위해 서로 심한 투쟁을 벌였다고 한다. 이러한 투쟁 속에서는 모든 인간은 '폭력적 죽음(Violent Death)'에 대한 공포에 시달리게 된다. 서로의 생존을 위한 투쟁에서는 언제나 상대에게 맞아 죽을 수 있는 위험이 있기 때문이다.

홉스는 이러한 자연 상태의 야만적 상황을 벗어나기 위해 인간들은 스스로 어떤 규율들을 정하기 시작했다고 보고 있다. 그리고 이것이 바로 문명의 출발점이 되었다고 주장하고 있다. 인간은 높은 지능을 가지고 도구를 사용하기 때문에, 앞서 로렌츠가 지적한 대로 설령 신체가 약한 자라 하더라도 더 강한 자를 얼마든지 공격할 수 있다. 따라서 인간은 폭력적 죽음으로부터 벗어나기 위하여 도덕과 법률이 존재하는 문명 시대를 열게 되었다는 것이다. 이런 점에서 보면 문명의 건설이란 바로 자기 보존의 원초적 본능에 기인한 것이라 말할 수 있다.

홉스의 주장은 과거 고대 철학에서 플라톤(Platon, BC 428/427 혹은 424/423~BC 348/347)이나 아리스토텔레스(Aritoteles, BC 384~BC 322)가 강조한 이성을 최초로 부정하고 감성을 강조한 마키아벨리(Niccolò Machiavelli, 1469~1527)의 주장을 더욱 확대 계승한 것이다. 홉스에게 있어서 이성(Reason)이란 생존을 위한 '계산(Reckoning)'에 불과하다. 이는 인간이 이성적 존재가 아닌 감성적 존재임을 강조하는 것이기도 하다. 이러한 전통은 후일 독일의 철학자 니체(Friedrich W. Nietzsche, 1844~1900)를 통하여 더욱 강조되었고, 드디어는 프로이트의 심리학 내지는 정신분석학의 기초가 되었다.

홉스의 말대로 우리는 분명 우리의 생명 보존을 위한 욕구가 본능의 가장 기초에 자리하고 있음을 실감하게 된다. 살아 있는 모든 것들은 죽어야 하지만, 모순적으로 그 맨 밑바닥에는 죽지 않으려는 본능이 있다. 그리고 이러한 삶의 욕구에 위협이 가해졌을 때 인간은 그대로 당하고만 있지 않는다. 바로 공격적 본능을 발휘하여 자신의 생명을 지키려고 한다. 마치 쥐도 갈 곳이 없으면 고양에게 달려드는 이치와 같다.

이러한 전제에서 보면 우리의 갈등 혹은 폭력이란 근원적으로 자기 보존이 위협을 당했을 때 가장 먼저 나타난다고 할 수 있다. 그런데 인간의 생존이란 꼭 육체적인 면에만 국한된 것은 아니다. 니체가 말했듯이 인간은 '자아실현(Self-Realization)' 이라는 강력한 정신적 욕구를 동시에 가지고 있다. 이는 프로이트가 주장한 자아이상의 실현 욕구와 깊은 연관성을 가지고 있기도 하다. 따라서 육체는 죽더라도 정신만은 자기의 이상을 지키려는 상황이 있을 수 있다.

우리는 역사 속에서 자신의 자아이상을 달성하기 위해 자신의 육체를 희생시킨 많은 예들을 볼 수 있다. 순교자들 그리고 독립 혹은 민주화를 위해 산화한 분들 등이 그 대표적 예이다. 이는 육체는 죽더라도 자신의 정신을 길이 남기려는 욕구의 발산일 수 있다. 즉, 정신적으로라도 영원히 살고 싶은 자기 보존의 또 다른 형태라는 말이다. 자살의 경우도 그 이유가 육체적 생명을 끊는 대신 자신의 정신을 지키고 싶다는 데 있다면 이러한 욕구에 기인한다고 볼 수 있다.

거창한 이야기가 아니더라도 우리는 일상생활에서 자신의 정신과 육체를 보존하기 위하여 수많은 갈등을 경험하고 있다. 부부 싸움도 그렇다. 만약 배우자 중 한 사람이 "당신도 남자냐?" 혹은 "여자냐?"라는 말을 했을 때 이를 그대로 넘기기는 너무나 어렵다. 이러한 극단적 언어는 자신의 정체성을 훼손시키는 일이기 때문이다. 정체성이란 삶의 목적과 매우 밀접한 관계가 있다. 그렇다면 자신의 정체성을 지키려는 욕구는 당연히 자기 보존의 원초적 본능에 뿌리를 두고 있다. 그러니 이러한 말을 하면 부부 싸움이 야기될 수밖에 없다.

'최순실 게이트'로 야기된 대규모 촛불 시위도 정체성과 일부 연관성을 가지고 있다. 많은 한국 국민들은 우리가 원하는 우리의 정체성을 지켜줄 대표로서 대통령직을 이해하고 있다. 그런데 그렇게 뽑아 놓은 대통령이 최순실이라는 허무맹랑한 사람에 의해 좌지우지되었다는 사실들이 보도되자 우리의 정체성이 송두리째 무너져가는 느낌을 갖게 된 것이다. 즉, 그러면 "우리는 도대체 무엇이냐?" 라는 허탈감이 생기게 된 것이다. 그러니 수많은 사람들이 촛불을 들고 대통령 퇴진을 부르짖게 된 것이라고 해석할 수 있다. 그리고 태극기 집회는 촛불 집회와는 반대의 입장에서 그들의 정체성을 찾으려고 했다고 볼 수 있다. 즉 촛불 집회가 그들이 생각하는 정체성을 훼손한다고 보기 때문에 태극기를 들고 광장으로 모였던 것이다.

모든 인간관계에 있어서도 상대에게 육체적 위협을 가하거나 정신적으로 그 정체성을 훼손하는 언동은 갈등의 씨앗이 된다. 또한 집단과 집단 혹은 집단과 정부 간의 갈등도 각자 생존의 위협이 도래하게 되면 심한 갈등 현상이 나타난다. 그 대표적인 예는 2009년 1월 야기된 서울 용산 참사이다. 그들은 정부의 정책 때문에 자신들의 삶의 터전이 훼손됨으로써 삶 자체에 위협을 당했다고 생각했을 수 있다. 따라서 그들은 생명을 보존하기 위하여 정부와 심한 갈등을 빚고 결국에는 폭력도 불사하였던 것 같다.

국가도 마찬가지이다. 어느 한 나라가 다른 나라를 위협한다면 가만히 있을 수 없을 것이다. 또한 자국의 존속을 위하여 갈등을 조장하는 경우도 있다. 그 대표적인 예는 북한에 의해 자행된 대한민국 혹은 세계를 향한 핵무기 위협이다. 북한의 가장 중요한 문제는 그들의 체제 수호이다. 그런데 가만히 있으면 그 체제 유지가 어렵다는 위기의식에서 세계를 향해 핵무기를 통한 위협을 하고 있다. 심하게 말하면 자신들의 체제를 세계가 인정해 주지 않으면 핵무기를 동원하여 엄청난 재앙을 야기시키겠다는 엄포를 놓고 있는 것이다. 그리고 급기야 북한의 핵미사일 기술이 미국의 본토까지도 갈 수 있다는 우려 때문에 미국은 북한의 핵을 용인할 수 없다고 으름장을 놓고 있다. 2017년은 내내 미국의 트럼프 대통령과 북한 김정은 사이의 말 폭탄이 아슬아슬한 지경에까지 이르게 되었는데 이 모두 자국의 생존을 위한 갈등이다.

참고 사항(2-1: 생존을 위하여)

* 홉스가 주장하는 자연 상태와 문명에 대해서는 Thomas Hobbs, *Leviathan*, Selected by Richard Peters and Edited by Michael Oakeshott(New York: Collier Books, Macmillan Publishing Co., 1962), 참고.
* 마키아벨리가 고대 철학에서 강조된 이성을 최초로 부정했다는 내용은 김용신, 『성리학자 기대승 프로이트를 만나다』(서울: 예문서원, 2003), 참고(특히 pp.65~74). 또한 Niccolo Machiavelli, *The Prince and the Discourses*(New York: The Modern Library, Random House, Inc., 1950), 참고.
* 니체가 주장한 자아실현에 대해서는 Huntington Wight, *What is Nietzsche Thaught*(New York: B. W. Huebsche, 1917), 참고(특히 p.178). 또한 김용신, 『예술의 정신분석학적 해석』(서울: 나남, 2008), pp.24~25 참조.

영향력 확대를 위하여

인간은 참 이상한 동물이다. 자기 보존에서 한 발 더 나아가 생존 기간 동안 자신의 영향력을 확대하려는 강력한 욕구도 가지고 있으니 말이다. 물론 깊이 따져 들어가면 모든 욕구들은 자기 보존이라는 원초적 욕구에 뿌리를 두고 있기에, 이 또한 자기 보존의 본능에 기인한 것이다. 자기 보존을 보다 편안히 하기 위해서는 자신의 영향력을 확대할 필요가 있다. 그러나 갈등과 폭력을 논하는 데 있어서 영향력 확대 문제는 자기 보존의 본능과 분리하여 살펴보는 것이 보다 합당하다. 생존 자체의 위협이 아닌 상황에서도 영향력 확대만을 위한 갈등들이 빈번히 야기되고 있기 때문이다.

인간이 자신의 영향력을 확대하려는 강한 욕구를 가지고 있다는 내용은 니체가 주장한 '권력을 향한 의지(Will to Power)'와 밀접한 관련이 있다. 니체에 따르면 권력을 향한 의지야말로 자신의 생존과 그를 위한 투쟁의 가장 중요한 욕구이다. 이러한 니체의 생각은 다윈(Charles Robert Darwin, 1809~1882)의 '진화론(Evolutionism)' 혹은 스펜서(Herbert Spencer, 1820~1903)의 '적자생존(Survival of the Fittest)' 원리와도 관련성을 가지고 있다. 권력을 가진 자가 살아남을 확률이 높기 때문이다.

니체에게 있어서 권력이란 인간의 삶에 활력을 불어 넣는 중요한 본질적 욕구이다. 그는 권력을 향한 의지를 통해서 우리 스스로 무력감에서 벗어나 활기찬 삶을 개척해 나아갈 것을 강력히 권고하고 있다. 권력은 흔히 남을 지배하고 억압하는 사악한 것으로 인식될 수 있다. 그러나 니체에게 있어서 권력이란 인간 생명의 활력을 위한 본질적 요소로 강조되고 있다. 모두가 권력에 대한 의지를 가지고 자신의 삶에 있어서 활력을 찾고, 나아가 새로운 가치를 실현시킴으로써 보다 나은 세상을 만들어야 한다는 것이 니체의 희망이었는지도 모른다.

니체의 권력이란 개념이 삶의 활력을 위한 것이라면 이는 우리가 흔히 생각하는 정치권력만을 의미하지는 않는다. 다시 말하면 니체의 권력이란 넓게 해석하면 영향력이라는 말로 설명될 수 있다. 자신이 활동하는 범위에서 영향력이 많으면 많을수록 그 사람의 삶에 대한 활력은 더 왕성해지기 때문이다.

인간은 프로이트가 지적한 자아이상을 가지고 있는 한, 혹은 니체가 말한 자아실현의 욕구가 있는 한, 살아 있다는 것 자체만으로 만족할 수는 없다. 따라서 인간은 자신의 이상을 실현하기 위하여 끊임없이 자신의 영향력을 확대하려고 한다. 이처럼 서로 영향력을 확대하려고 한다면 여기에는 분명 갈등이 존재할 수밖에 없다. 모든 사람들이 자신의 영향력을 확대하려는 과정에서는 자동적으로 충돌이 생기기 때문이다. 목숨이 붙어 있는 한 자신의 영향력 확대를 포기하기는 매우 어렵다. 포기할 경우에는 삶에 대한 회의심이 나타나며 나아가 우울증까지 갖게 될 것이다.

니체가 주장하는 권력을 향한 의지에도 적자생존에 근거한 투쟁 정신이 내포되어 있는 것만은 사실이다. 이때 투쟁이 야기된다는 것은 분명 갈등을 동반하고 있다는 의미로 연결된다. 그러나 니체는 권력을 향한 의지의 긍정적인 면만을 강조하였을 뿐, 이로 인해 야기되는 갈등과 폭력의 문제는 구체적으로 논의하지 않고 있다. 따라서 후일 독일의 나치는 그들 논리로 새로운 세상을 만들어 낸다는 미명 아래 그 긍정성을 니체의 권력을 향한 의지로부터 찾으려고 했는지도 모른다.

니체의 말대로 영향력을 확대하려는 욕구는 우리 삶에 활기를 불어넣음을 부정할 수는 없다. 그러나 모순적으로 각자의 생명을 위한 활기는 서로 충돌할 수밖에 없으니 이것이 바로 갈등과 폭력을 야기하는 원인이 되기도 한다는 것이다. 프로이트가 주장한 본능 이론의 입장에서 보면 영향력 확대를 위한 욕구는 현실에서는 사랑의 본능보다는 죽임 혹은 공격의 본능과 더 많은 연결을 가지기 쉽다. 여기에는 투쟁이 수반되기 때문이다.

실제로 우리는 일상생활 속에서 서로의 영향력 확대 때문에 수많은 갈등들을 경험하고 있다. 부부싸움도 대개의 경우 그 원인을 캐 보면 서로가 자신의 영향력을 상대에게 더 미치려고 하는 데서 비롯된다. 이러한 부부싸움의 핵심은 결국 "너 왜 내말 안 듣느냐!"는 것인데, 이야말로 영향력 확대 욕구를 한마디로 설명하고 있다. 대개의 부부들은 서로가 자신의 주장이 옳기 때문에 자신의 말을 들어야 문제가 없다고 생각한다. 그런데 이 역시 깊이 따지고 보면 상대에게 자신의 영향력을 더 확대하려는 욕구에 불과하다.

모든 인간관계에서도 마찬가지이다. 예를 들면 집단 내에서 간부들은 물론 구성원들까지 자신의 영향력을 확대하려는 노력을 하고 있다. 이러한 과정에서는 당연히 갈등이 야기된다. 사회생활하면서 자신이 속해 있는 집단 내에서 영향력 싸움을 경험하지 않은 사람은 거의 없을 것이다. 그것이 내면적으로 잠재되어 표출이 안 될지라도 이로 인한 갈등은 끊임없이 존재한다. 그리고 그 정도가 심해지면 폭력까지 수반하게 된다.

물론 어떤 경우에는 지도자에게 완전한 복종을 함으로써 자신의 영향력 따위는 생각하지도 않을 수 있다. 이러한 현상은 자신의 자아이상이 지도자나 집단의 자아이상으로 전치됨으로써 야기되는 현상이라는 것은 앞서 지적한 바 있다. 다만 하나 추가하자면 완전한 복종은 자기 보존을 위한 자구책일 수도 있다는 점이다. 또한 자기 출세를 위한 위선일 수도 있다. 그러니 이러한 사람들의 마음에 영향력 확대의 욕구가 없다고는 말 할 수 없다.

또한 인간은 한 번 보고 떠날 곳에서도 자기의 존재를 나타내려는 욕구를 가지고 있다. 이 경우는 순간적으로 스쳐 지나가는 것이므로 갈등을 유발하지는 않을 수 있다. 그러나 결론적으로 말하자면 인간에게 영향력 확대 욕구는 원초적이며, 이 때문에 우리는 사회생활 속에서 다양한 갈등을 경험하고 있다.

사회적으로 집단과 집단의 갈등도 상당 부분은 서로의 영향력을 확대하려는 데서 유발된다. 우리나라의 여야 간 격돌도 좋은 예이다. 서로가 국민의 이름으로 정의 사회 구현을 외치고 있지만, 결국은 국민에 대한 자신들의 영향력을 확대하려고 하기 때문이다. 흔히 정당의 목적은 권력의 쟁취에 있다고 한다. 그러니 정당 간의 세력 확대를 위한 갈등은 매우 현실적으로 나타나고 있다. 그리고 그 갈등이 깊어지면 물리적이 아니더라도 언어폭력 등으로 상대를 폄훼하는 경우를 우리는 자주 목격하고 있다.

'최순실 게이트'를 겪으면서도 시국 수습에 대한 각 정당들 간의 합의가 제대로 도출되지 못하고 서로 갈등하고 있는 것을 우리는 잘 목격하였다. 여당도 정파별로 나뉘어져 자기들의 입장만을 강조하였고 야당들도 서로의 주장만 할 뿐 구체적인 수습 방안에 합의를 이루어 내지 못하고 말았다. 결과적으로 국회에서 대통령의 탄핵 소추안이 결의되었지만 그 원인은 각 정당과 정치 지도자들의 리더십이 아니라 대규모 국민들의 촛불 시위 압력 때문이었다고 해도 과언은 아니다. 이러한 정당들의 행위를 보고 국민들은 크게 실망하였다.

그런데 조금 자세히 들여다보면 이 역시 난국 속에서 서로 주도권을 잡아 향후 대선 국면에 유리한 정치적 입장을 가지려는 각 정당 및 정파의 욕망 때문이었다. 그렇다면 이것 역시 영향력 확대 욕망으로 인해 야기된 갈등이라고 볼 수 있다. 나아가 당시 날이 갈수록 경쟁이라도 하듯이 촛불 집회와 태극기 집회에 인원들이 모인 것 역시 각 측의 영향력 확대를 위한 것이라고 볼 수 있다.

탄핵 이후 대선을 통한 5당 체제하에서도 각 정당의 영향력 확대를 위한 욕망은 그치지 않는다. 예를 들면 2017년 가을 자유한국당과 바른정당 일부는 보수 연합이라는 이름으로 합당을 거론하였다. 그리고 더불어민주당은 소수 집권당의 한계를 극복하고, 국민의당은 그 존립 가치를 확대하기 위하여 서로

간 협치를 넘어 연정까지를 운운한 바 있다. 한편 바른정당 일부가 자유한국당으로 가게 될 것에 대비하여 바른정당 독자 생존을 주장하는 그룹과 국민의당은 통합의 전 단계로 공동 교섭단체 구성을 염두에 둔다는 기사가 나오기도 하였다.

서로의 영향력 확대를 위한 욕구는 국가 간 갈등의 중요 원인이 되고 있음도 우리는 잘 느끼고 있다. 국제적으로 모든 강대국들은 그들의 영향력을 확대하려고 서로 간 잦은 갈등을 유발하고 있다. 과거 냉전시대 미국과 소련이 그러했고, 현재 미국과 새롭게 경제력이 커지고 있는 중국 간의 기(氣) 싸움은 바로 세계 질서 속에서 자국의 영향력 확대를 향한 욕구에 근거한 것이다. 그리고 이러한 강대국 간의 갈등에 따라 많은 약소국들은 눈치 보기에 급급하다. 이처럼 영향력 확대를 향한 욕구는 제 3자에게 까지 많은 불편함을 주고 있다.

참고 사항(2-2: 영향력 확대를 위하여)

* 니체가 주장한 권력을 향한 의지에 대해서는 Friedrich Nietzsche, "Will to Power," in *The Complete Works of Nietzsche*, Vol. 14. Translated by Anthony M. Ludovici(New York: Russel & Russel, 1964), 참고.
* 니체의 권력을 향한 의지는 다윈의 진화론 및 스펜서의 적자생존설과 연관이 있다는 내용에 대해서는 "권력에의 의지" naver 지식백과(특히 문학비평용어사전) 참조.
* 바른정당과 국민의당 공동 교섭단체 구성에 관한 기사는 『조선일보』 2017년 10월 16일자, 「국민 · 바른, 통합 1단계 '공동교섭단체' 검토」, 참조.

이익의 극대화를 위하여

이익의 극대화에 따른 갈등은 영향력의 확대를 통한 갈등과 그 양상이 비슷하다. 그런데 영향력 확대의 욕구가 니체의 권력을 향한 의지에 기반하고 있다면, 이익의 극대화 문제는 인간의 이기심에서 그 근거를 찾을 수 있다. 자세히 살펴보면 이 두 개의 본질적 욕구들 간에는 무의식적 동기에 약간의 차이가 있다.

이기심에 관한 문제를 논의하기 위해서는 먼저 선과 악의 문제부터 짚고 넘어갈 필요가 있다. 이기심이란 객관적인 선과 악의 개념을 넘어서 자신의 입장만을 강조하는 심리적 경향이기 때문이다. 니체는『선과 악을 넘어서*Beyond Good and Evil*』에서 선과 악에 대한 상대성을 강조하고 있다. 즉, 나에게 좋은 일이 타인에게는 나쁜 일이 될 수 있으며, 나에게 해로운 일이 타인에게는 좋은 일이 될 수도 있다는 것이다.

니체의 선과 악에 대한 상대성의 강조는 고대 이성 강조의 철학에서 절대 선을 추구했던 것과는 완전히 다른 견해이다. 따지고 보면 니체의 주장은 마키아벨리로부터 출발하여 홉스를 거쳐 보다 정교하게 설명되고 있는 인간의 감성을 강조한 근대철학의 흐름에 그 기반을 두고 있다. 그리고 정신분석학은 앞서 잠깐 언급했듯이 이러한 근대철학의 물결 속에서 잉태되었다. 그러므로 정신분석학에서도 선과 악의 상대성을 인정하고 있는 것이다.

정신분석학이 진리 혹은 선에 대한 상대성을 인정한다는 것은 인간은 감성에 따라 움직인다는 것을 재확인한 결과이다. 그리고 인간의 행동에 어떤 절대적 기준을 설정하기는 불가하다는 의미를 함축하고 있다. 이러한 관점에서 정신분석학은 옳고 그름의 판단을 '정상'과 '비정상'이라는 용어로 대치하고 있다. 이때 비정상이란 바로 '퇴행성(Regression)'까지를 포함한다.

이와 같은 논리 하에서 정신분석학에서는 인간을 이기적인 존재로 규정하고 있다. 이는 본질적으로 인간의 모든 행동을 움직이는 감성의 근원지로서 무의식이란 기쁨의 원리에 근거하여 자신에게 감성적으로 유리한 방향으로 움직인다는 것을 뜻한다. 이는 상대의 입장을 고려하지 않고 자신의 기쁨만을 추구한다는 의미로 확대 해석될 수도 있다. 따라서 정신분석학에서는 우리가 흔히 말하는 '애타주의(Altruism)'도 '이기주의(Egoism)'의 변형된 형대로 이해하려는 흐름도 있다.

우리는 남을 위해 헌신하거나 자원봉사를 통해 남을 돕는 일을 사회적인 미덕으로 간주하고 있다. 그리고 많은 사람들은 이러한 봉사활동을 했을 때 스스로 큰 보람과 기쁨을 느낀다고 말하고 있다. 얼핏 들으면 이성의 작용인 듯이 느껴진다. 그리고 인간은 매우 합리적 동물이라는 생각도 갖게 된다. 그러나 좀 더 냉정히 그 말을 곱씹어 보면 봉사를 통해 기쁨을 느꼈다는 것은 봉사활동을 하게 한 원동력이 자신의 기쁨 추구에 있다는 논리를 가능케 한다. 그러니 결국 봉사활동도 일면 이기주의에 근거한 자신의 기쁨 추구를 향한 행위라고 말 할 수 있다.

모든 인간들이 자신들의 기쁨만을 추구하는 이기적 존재라고 한다면 여기에도 문제가 나타나게 된다. 서로의 이기적인 행동은 양보가 없는 한 분명 충돌을 야기하기 때문이다. 여기에 하나 추가하자면 인간의 이기심은 그 한계가 없다는 사실이다. 어느 정도 자신의 이기심을 충족했으면 그만두는 것이 아니라 나아가 자신의 이익을 극대화하려는 것이 바로 인간 심리의 본질이다. 한마디로 인간의 욕심은 끝이 없다.

배가 고프면 밥만 먹으면 살 것 같은데 배를 채우고 나면 또 여타 욕구들이 발동한다. 성욕이 발동하고 또 어디에서인가 쉴 곳의 필요성을 느끼게 된다. 일차적으로 생명을 위해 가장 중요한 욕구가 충족되면 이차적인 욕구들이 계속적으로 발생한다. 아무것도 가지고 있지 않을 때에는 가장 기초적인 것만 있으면 살 것 같다는 생각을 하게 된다. 그러나 그 기초적인 것이 확보되면 그 다음 더 나은 환경을 추구하게 된다.

처음에는 배만 채우면 살 것 같았는데 어느 정도 먹을 것이 해결되면 이제는 더 맛있는 음식이 먹고 싶다. 잘 곳이 없을 때에는 방 한 칸만 있으면 좋겠다고 생각했는데, 그 방을 확보하고 나면 더 넓은 곳에 살고 싶은 마음도 마찬가지 이치이다. 또 적당히 입을 것이 확보되면 그 다음은 명품을 찾아 헤매게 된다.

이처럼 인간은 본질적으로 이기적 존재이며 여기에 더하여 그 이기심을 끝없이 확대하여 가는 존재인 것이다. 마치 논을 99마지기 가지고 있는 사람이 1마지기만 가진 사람에게 그 1마지기를 자기에게 팔라고 요구하는 꼴이다. 그리고 1마지기를 사서 100마지기가 되면 그 다음을 향해 욕심은 끝없이 확대될 것이다.

마르크스(Karl Marx, 1818~1883)가 사유재산제도의 철폐를 평등 사회 구현의 기초로 생각한 것도 바로 이런 인간의 이기심 때문이었을 것이다. 다만 마르크스가 소유의 평등만을 가져오면 인간의 모든 갈등은 사라질 수 있다는 단순한 해석을 한 부분은 문제로 지적되어야 한다. 이는 오직 물질적인 면만을 강조한 것이기 때문이다.

이와 관련하여 최근 흥미로운 연구가 하나 나타났다. 일본 교토대학교 총장으로 영장류 사회생태학자인 야마기와 주이치(山極寿一)의 연구이다. 그는 최근에 발표한 『폭력은 어디서 왔나』에서 인류의 진화 과정에서 사유욕에 근거한 폭력의 출발 원인을 새롭게 설명하고 있다.

홉스가 주장하고 있는 자연 상태로부터 문명사

회로 오는 과정에서 제일 먼저 규제를 해야 하는 것은 가족을 지키기 위한 근친상간이었을 것이다. 따라서 프로이트는 문명사회는 바로 성적 규제로부터 출발하고 있다고 주장하고 있다. 그런데 주이치는 이러한 성적 규제에 대한 불만을 해소하기 위하여 초기에는 음식을 나누어 먹는 방법이 활용되었는데, 바로 이 과정에서 싸움이 생겨났다고 주장하고 있다. 서로 많이 먹으려는 이기심 때문이었을 것이다.

그리고 그는 농경문화가 시작되므로 인간의 갈등 및 폭력이 진화되기 시작하였다고 주장하고 있다. 인간은 초기 수렵 사회에서는 그 활동 범위가 매우 넓어 서로 마주쳐 충돌을 야기할 일이 거의 없었다고 한다. 그런데 농경 사회로 들어오면서 자기 소유의 땅에 울타리를 치면서부터 인간의 갈등은 보다 격렬해졌다는 것이다. 이는 진화론적 입장에서 인간 폭력성의 출발을 수렵 활동에서 찾는 것과는 약간 차이가 있다고 하겠다.

주이치의 연구는 인간이란 지금까지 이기심을 진화시켜 왔으며 그 과정에서 갈등과 폭력이 야기되었음을 잘 설명하고 있다. 물론 이러한 이기심도 결국은 자기 보존에 그 뿌리를 두고 있을 것이다. 그러나 갈등과 폭력의 원인을 구체적으로 설명하기 위해서는 이기심의 확대를 통해 야기되는 갈등과 폭력은 근원적인 생명의 보존에 따른 갈등과 분리하여 살펴보는 것이 보다 타당하다. 실제로 생존과는 거리가 있음에도 불구하고 이기심의 극대화에 근거한 수많은 갈등들이 존재하고 있기 때문이다.

요즈음 우리 사회에서 자주 야기되는 이기심에 근거한 갈등 중 그 대표적인 예는 아파트 층간 소음으로 야기되는 갈등이다. 아파트라는 공동 주택에 살게 되면 이웃을 배려하고 서로 양보해야 함에도 위층의 사소한 소리에도 분을 못 참아 갈등을 빚어낸다. 그리고 중요한 문제는 이러한 갈등이 급기야는 심한 폭력으로 이어진다는 사실이다. 우리는 최근 아파트 층간 소음 때문에 살인 사건까지 발생했음을 뉴스를 통해 접한 바 있다. 이외에도 우리는 사회생활을 통해 이기심에 근거한 갈등들을 수없이 보고 있다.

개인을 떠나서 집단 간에도 집단 이기심에 근거한 수많은 갈등들이 야기되고 있다. 현대사회에서 자주 야기된 소위 '님비(Not In My Back Yard)' 현상도 따지고 보면 집단 이기주의에 근거한 것이다. 예를 들어 모두가 자기 동네에 쓰레기 매립이나 소각장 시설의 설치를 결사 반대한다면 그 시설은 어디로 가야 하는가?

장기간 논쟁을 벌이다가 2012년부터 2014년에 걸쳐 더욱 심해진 밀양 송전탑 건설과 관련된 갈등 문제도 경위야 어떠하던 지역적 이기심에서 일부 근거를 찾을 수 있다. 2016년 '사드(THAAD)'로 표현된 '고고도 미사일 방어 체제(Terminal High Altitude Area Defense)' 배치 문제도 마찬가지이다. 우리 국민과 국토를 방위하기 위하여 설치될 이 사드 자체도 가는 곳마다 냉대를 받았다. 물론 사드의 설치는 이념적 혹은 외교적 문제와 직결되기 때문에 배치의 찬반 문제에 있어서 특정 입장만을 맹목적으로 두둔할 수는 없다. 그러나 이 문제들을 떠나서 거기에서 나오는 전자파가 인체에 해롭다는 점도 이를 반대하는 큰 이유 중에 하나인데, 과학적으로 거리나 설치장소의 높이 때문에 상관이 없다고 해도 여러 가지 이유들 들어 이를 반대하는 사람들이 있다. 그리고 사드 설치가 이미 진행되어버린 후에도 일부는 이를 반대하고 있다.

노사갈등도 그렇다. 서로가 조금씩 양보하면 될

텐데 노동조합과 사측은 자기들의 이익을 좀처럼 양보하려 하지 않는다. 그러니 심한 갈등이 야기되고 급기야는 노동자들의 파업까지를 불러일으킨다. 또한 어떤 경우에는 일부 노동자들의 극단적인 행동까지를 유발시킨다. 높은 건물 옥상이나 굴뚝 혹은 건축 공사 현장 기중기 위에서 목숨을 내건 투쟁이야말로 강력한 폭력 행위라 하지 않을 수 없다.

국가 간에도 마찬가지이다. 일본이 터무니없이 독도를 자기들의 땅이라고 우기는 것도 따지고 보면 일본의 이기적 행위에 근거하고 있다. 일본과 중국의 '다오이다오(釣魚島 혹은 센카쿠)' 열도를 둘러싼 분쟁도 양국의 이기적 행위에 그 근본 원인이 있다. 기타 수많은 국제 분쟁들도 다 자국의 이익을 위한 것이라고 할 때 이는 국가의 이기심에 근거한 것이라 할 수 있다.

나아가 단순한 이기심에 머물지 않고 이익의 극대화를 향한 갈등들도 우리는 자주 접하고 있다. 그 대표적인 예는 한국 사회에서 나타난 재산 싸움들이다. 돈 있는 사람들 치고 자식들 간에 재산 싸움이 없는 경우는 거의 없다. 형제들끼리 잘 나누면 될 텐데 이런 저런 이유로 서로 더 많이 차지하려 욕심을 부린다. 우리 사회에서는 대기업의 후계 구도를 둘러싼 갈등도 심심치 않게 나타나고 있다. 최근에도 모 대기업의 후계 계승 문제로 형제간에 큰 갈등을 빚고 있다는 내용이 언론을 통해 보도되고 있어 많은 사람들이 눈살을 찌푸리고 있다. 이 경우는 형제간에 타협하지 않고 어느 한 쪽에서 모든 권한을 독차지하려고 싸우고 있다고 하니 인간의 욕심은 끝이 없어 보인다.

추가하여 대기업의 횡포도 말하지 않을 수 없다. 대기업이면 대기업답게 고도의 기술 개발과 마케팅 전략으로 세계 시장에서의 경쟁력을 높여가야 한다. 그럼에도 불구하고 국내 시장에서까지 모든 분야에 발을 넓혀 중소기업이 설 자리를 원천적으로 가로막고 있다. 있는 사람들이 더한다더니 대기업의 욕망은 어디까지인지 헤아리기 어렵다. 최근 우리 사회에서는 중소기업과 대기업의 동반성장을 권유하고 있지만 그 실효는 거의 없는 듯하다. 그러하기 때문에 중소기업과 대기업간의 갈등이 그치지 않고 있다.

국제사회에서도 마찬가지이다. 강대국이라면 자신의 이익을 때로는 양보도 할 수 있을 텐데 절대 그렇게 하지 않는다. 모든 강대국들은 자국의 이익을 극대화하기 위한 눈에 보이지 않는 노력을 하고 있다. 그리고 그들의 욕심은 어디까지인지 측량하기 어렵다. 예를 들면 트럼프가 미국의 대통령으로 당선된 이후에는 소위 '미국 우선주의(America First)'라는 구호를 내세우면서 미국의 이익에 한 치의 양보도 하지 않으려고 한다. 어쩌면 강대국 이외의 모든 국가들도 국제관계에서 자국의 이익을 극대화하기 위하여 최선을 다하고 있다고 할 수 있다.

참고 사항(2-3: 이익의 극대화를 위하여)

* 니체의 선과 악에 대한 해석은 Friedrich Nietzsche, *Beyond Good and Evil*, Translated by Walter Caufmann(New York: Vintage Books, 1966), 참고.
* 정신분석학에서 절대선과 절대악을 규정하지 않고 있다는 내용에 대해서는 Fred Alford, "The Origin of Evil", in *Political Psychology*(Vol. II, No. 1, 1990), 참조. 또한 김용신, 『성리학자 기대승 프로이트를 만나다』, pp.100~107 참조.
* 야마기와 주이치의 인간 공격성의 진화 이론에 대해서는 야마기와 주이치, 『폭력은 어디서 왔나』, 한승동 옮김(서울: 곰출판, 2015), 참고. 또한 『동아일보』, 2015년 8월 2일자 「(책의 향기) 인간 폭력성의 근원, 700 만 년 전 조상 침팬지에서 찾는다」 참조.

꿈의 실현을 위하여

자아이상에 관해서는 앞서 약간 설명한 바 있다. 그러나 자아이상의 실현이 갈등의 근본 원인임을 증명하기 위해서는 더욱 구체적인 설명이 필요하다. 앞선 설명에서는 자아이상이란 인간 무의식의 본질적 요소로서 자아가 원하는 기쁨을 추구하려는 욕구라고 규정하였다. 그리고 자아이상이란 후천적으로 문명의 현실적 욕구를 받아들이려는 또 하나의 기본적 욕구인 초자아와 갈등을 빚고 있다고 언급하였다. 이런 이유로 인간은 내재적으로도 자아이상과 초자아간의 끊임없는 갈등을 겪고 있다고도 말하였다.

프로이트가 자아이상을 기쁨의 원리에 근거한 욕망이라고 했을 때 여기에는 한 가지 추가적인 설명이 필요하다. 그것은 바로 인간의 기쁨은 단순히 육체적인 면에만 국한되지 않는다는 사실이다. 니체가 주장한 자아실현이 인간만이 가질 수 있는 본질적 욕구라고 하면, 이는 분명 정신적인 요소를 다분히 포함하고 있다. 그리고 인간이 자아실현을 통해 만족과 기쁨을 얻는다면 이야말로 자아이상이 원하는 바이다.

이러한 논리에 근거하여 샤스귀에르 스미젤은 자아이상이란 단순히 육체적 기쁨을 넘어서서 인간의 기대와 꿈, 그리고 희망을 의미한다고 강조하고 있다. 그는 어린이가 어머니의 배 속에 있을 때를 '원초적 자아도취의 완전 상태(Primary Narcissistic Perfection)'라고 설명한다. 이때는 인간에게 있어서 아직 아무런 걱정이 없었던 시기이기 때문이다. 그런데 인간은 세상에 나온 후에도 다시 '어머니 자궁으로 돌아가고 싶은 원초적 욕구(Wish to Return to Mother's Womb)'를 가지게 된다. 인간은 한 번 느낀 기쁨을 다시 찾으려는 본능을 가지고 있기 때문인데, 이것이 바로 자아이상의 본질이라는 것이다.

인간은 태어나자마자 문명의 규범을 지켜야 하는 새로운 짐을 지게 된다. 만약 이를 따르지 않으면 생명을 유지하기 어려울 것이며 적어도 문명이 부과하는 형벌을 피할 수 없을 것이다. 따라서 문명의 질서를 따르는 과정에서 우리는 많은 여타 감성들을 억제해야 한다. 예를 들면 아무라도 사랑할 수 없다. 결혼 후에는 각기 배우자만을 사랑해야 한다. 또 미운 자가 있어도 그를 죽일 수 없다. 이에 상응한 형벌을 받아야 하기 때문이다. 한마디로 문명은 우리에게 생명의 안전을 보장하는 대신 많은 다른 감정들의 억제를 요구하니 약도 주고 병도 주고 있는 것이다.

피하기 어려운 문명의 현실적 억압에도 불구하고 인간은 아무런 규제가 없었던 어머니의 자궁 속으로 다시 들어가고 싶은 욕구를 완전히 억제할 수는 없다는 것이 정신분석학의 기본 입장이다. 어머니 배 속에 있을 때의 편안함을 잊지 못하기 때문이다. 결국 인간이란 계속적으로 자신이 스스로 만족할 수 있는 자아도취의 상태를 갈망하게 되어 있다. 그리고 이러한 노력의 근저에는 자아이상이 자리하고 있는 것이다. 역사를 회고하더라도 인간은 자아이상이라는 욕구에 근거하여 보다 만족할 만한 세상을 향해 계속적인 변화를 거듭해 왔다.

실로 자아이상이란 우리에게 꿈과 희망 그리고 기대를 불러일으키는 원동력이 된다. 이러한 자아이상은 철학과 이념을 만들게 했다. 또한 수많은 과학적 발전을 가져오게 하였다. 자아이상이 없다면 꿈이 사라지기 때문에 우리는 이로 인한 현실의 고통을 느끼지도 못할 뿐만 아니라, 자아실현이라는 개념을 인지하지도 못했을 것이다.

인간이 각자 자신의 고유한 자아이상의 실현을 위한 강력한 욕구를 가지고 있다면 사회적 측면에서 이를 다시 한 번 살펴볼 필요가 있다. 인간들의 자아이상이 모두 같은 방향으로 간다면 문제가 없다. 그러나 만약 이러한 욕구의 목적이 서로 다를 때는 어떠한 현상이 나타나겠는가? 그것은 말할 것도 없이 자아이상 간의 충돌이 야기될 것이다. 그리고 이러한 충돌은 갈등을 야기하고 나아가 폭력까지 초래할 것이다.

자아이상은 개인에 따라 그 모양이 현저히 다르게 나타난다. 자아이상의 본거지인 무의식의 형성은 각 개인이 경험하는 내사와 투사 과정에 따라 각기 다르기 때문이다. 이러한 전제하에서 샤스귀에르 스미젤은 자아이상의 발달 경로를 크게 두 가지의 방향들로 요약하여 설명하고 있다. 그 하나는 '점진적인 길(Evolutionary Route)'이며 다른 하나는 '급진적 혹은 최단 방향의 길(Shortest Route)'이다.

어린아이가 막 태어나게 되면 어머니와 자신을 구별하지 못한다. 어린 아이에게 어머니는 자신의 자아도취적 완전성 그 자체이다. 때문에 어머니를 향한 강력한 사랑의 감정이 존재하게 된다. 그런데 점점 자라면서 어머니 사랑의 대상이 아버지인줄을 깨달을 때 어린이는 심한 좌절감을 느끼게 된다. 그리하여 아버지를 미워하게 되는 것이 바로 프로이트가 말한 오이디푸스 콤플렉스이다. 이와 같은 시기에 어린이의 자아이상은 둘 중 하나의 길을 택하게 된다.

자라서 아버지 같은 사람이 되어 어머니 같은 아내를 맞이해야겠다는 생각이 든다면 이는 자아이상이 초자아와 적당히 타협을 한 것으로 볼 수 있다. 현실의 원리를 일부 받아들이면서 자신의 자아이상 실현을 뒤로 미루고 있기 때문이다. 이러한 경우를 샤스귀에르 스미젤은 자아이상이 점진적 길을 택한 것이라고 설명하고 있다.

그러나 이와 반대로 현실의 원리를 받아들이지 않고 계속적으로 아버지에게 적대감을 가지고 어머니에 대한 사랑을 포기하지 않을 수도 있다. 이는 분명 자아이상이 초자아와의 타협을 포기하고 현실의 원리를 무시한 결과이다. 이 경우를 샤스귀에르 스미젤은 자아이상이 급진적 길을 택했다고 보고 있다. 이 때 자아이상은 초자아를 완전히 집어 삼켜버리는 극단적 상황까지를 연출하기도 한다.

이 점에 대하여 혹자는 프로이트의 오이디푸스 콤플렉스는 남아 중심적 분석이므로 여아의 자아이상 발달에 적용하는 데는 무리가 있다는 의문을 제시할 수 있다. 그런데 이 문제에 대해서는 헝가리 출신의 페렌치(Sandor Ferenczi, 1873~1933)라는 정신분석학자가 『탈라사: 성기(혹은 성기 능력)의 이론*Thalassa: A Theory of Genitality*』에서 잘 밝히고 있다. '탈라사'는 그리스 신화에서 바다의 여신을 말한다.

페렌치에 따르면 여아의 경우 자아이상이 급진적 길을 택하게 되면 자신은 이미 아버지의 사랑을 받아드릴 만큼 성적으로 성숙했다는 환상을 가질 수 있다는 것이다. 이야말로 나중 자라서 아버지 같은 배우자를 만나겠다는 기다림이 아니라, 현실의 원리를 무시한 급진적 자세이다. 그렇다면 자아이상의 발달 경로에 있어서 남아와 여아의 본질적 차이는 없어지고 만다.

자아이상은 인간의 원초적 욕구이므로 후천적

으로 생성된 초자아를 완전히 집어삼킬 수 있다. 이러한 경우 대개는 현실에서 받아들일 수 없는 매우 퇴행적 행동을 보이게 된다. 한마디로 정신분석학에서 '미침(Madness)'이란 이론적으로는 자아이상이 초자아를 완전히 집어삼켜버린 경우를 의미한다. 미침이란 현실을 제대로 인지하지 못하고 자아이상의 환상에만 머물러 있기 때문이다.

그렇다면 우리는 다음의 가설을 성립시킬 수 있다. 그것은 자아이상이 꿈과 희망 그리고 기대의 원천이라고 하면, 그 자아이상이 급진적 길을 택할 때 그 꿈과 이상은 현실을 무시한 환상적 요소를 내포하게 된다는 것이다. 그리고 환상 속에서는 자신의 자아이상은 진리라는 믿음을 가지게 된다.

이러한 믿음은 자아이상은 진리이기 때문에 포기할 수 없고, 현실은 비진리이므로 현실의 욕구를 받아들일 수 없다는 논리로 발전될 수 있다. 그러면 급기야는 진리의 이름으로 자신의 자아이상, 즉 꿈과 희망, 혹은 믿음을 수단 방법 가리지 않고 실현해야 한다는 당위가 서게 된다. 즉, 진리라는 목적에 의해 수단이 함몰되는 상태가 된다는 것이다.

실제로 우리는 자기의 생각이나 믿음만을 진리

로 인식하여 타인의 주장들은 받아들이려 하지 않는 경우를 자주 목격하고 있다. 대표적인 경우는 종교적 믿음이다. 우리가 비판하는 종교적 독선의 원천도 바로 여기에 있다. 또 혁명가들에게서도 이러한 환상은 존재한다. 혁명은 현실을 부정하고 새로운 질서를 만들려는 욕구에서 출발되기 때문이다. 이에 반해 개혁이란 용어는 현실의 논리를 어느 정도 받아들이면서 변화를 꾀하려고 하는 것을 의미한다. 그렇다면 개혁을 주장하는 사람들의 자아이상은 점진적 길을 걸어가고 있다고 봐야 할 것이다.

각자의 자아이상이 환상에 젖어 현실의 원리를 무시하고 자신의 믿음만을 진리로 주장한다면, 서로간에는 타협할 수 없는 커다란 갈등이 존재할 수밖에 없다. 이러한 갈등이야말로 화해가 어렵다는 점에서 매우 심각하다. 또한 자신의 이상을 실현하기 위해 수단과 방법을 가리지 않을 경우에는 걷잡을 수 없는 폭력적 행동이 수반될 수 있다. 실제로 우리는 자아이상의 급진적 행로 때문에 야기되는 수많은 퇴행적 갈등들을 경험하고 있다.

가정에서도 자녀들의 교육에 대한 소신 때문에 부부간에 잦은 갈등을 빚고 있다. 예를 들어 아버지는 아이들이란 엄격한 규제를 해야 제대로 성장할 수 있다는 믿음을 가지고 있고, 어머니는 자신이 알아서 하도록 내버려 두는 것이 차라리 낫다는 소신을 가지고 있다면 그 부부간에는 갈등이 존재할 수밖에 없다. 더욱이 각자의 소신을 진리로 받아들이면서 상대방의 생각을 옳지 못한 것으로 비판한다면 그 갈등은 더욱 격렬해지고 말 것이다. 친구간도 마찬가지이다. 자신의 주장만이 진리라는 환상을 가지면 그와 주장이 다른 사람들과는 타협의 실마리조차 찾을 수가 없다.

정치적으로는 주로 반정부운동을 하는 사람들 중에 이러한 경향이 자주 목격된다. 이는 무조건 정부를 악으로 규정하고 자신들만의 주장을 진리 혹은 절대 선으로 규정하는 자세를 말하는 것이다. 이 경우 악은 무찔러 없애야 하는 것이기에 진리로 인정되는 자기들의 이념이나 소신을 실현하기 위하여 수단과 방법 가리지 않고 정부를 공격하게 된다. 이 때에는 무자비한 폭력적 행동이 수반될 수 있다. 모든 혁명이 퇴행적 행위를 보이는 이유는 바로 이러한 자아이상의 환상에 기초한다고 볼 수 있다.

'최순실 게이트에'서 나타난 대통령과 국민의 입

장 간에도 현격한 차이가 있었다. 국민들은 대통령의 최순실에 대한 의존도 때문에 깊은 정체성에 상처를 입었다. 그리고 여기에 더하여 대통령의 직권남용에 대해 용서할 수 없는 분노를 가지고 있었다. 그런데 대통령의 해명은 국민의 기대와는 매우 큰 간격을 보여주었다. 자신은 한 순간도 국가와 국민을 잊은 적이 없고 국가를 위해 유익한 일이라고 믿어서 '미르재단'이나 '케이스포츠재단'에 기업의 참여를 독려했다고 한다. 다만 주변을 잘 관리하지 못해 문제가 생겼을 뿐 본인은 크게 잘못한 것이 없다는 논조이다. 국민과 믿음의 체계가 완전히 다르다.

이와 관련하여 또 다른 현상도 발견할 수 있다. 수많은 군중들이 촛불을 들고 대통령 퇴진을 외치고 있는데 또 상당수는 태극기를 들고 대통령을 지지하는 시위도 일어났다. 그 사람들의 믿음의 체계 속에서는 이런 일로 대통령이 하야까지 할 수는 없다는 논리가 숨어 있다. 일부는 박 전 대통령의 재판이 진행되는 중에도 계속적으로 그의 무죄와 석방을 요구하고 있다. 세상을 보는 눈 그리고 믿음의 체계가 다르다는 점이 바로 이러한 갈등 현상을 나타나게 하는 것이다.

국제적 분쟁에 있어서도 자아이상의 환상성이 내포되면 화해나 타협이 거의 불가능 하게 된다. 그 대표적인 예는 아랍의 '알 카에다(Al Quaeda)'와 미국의 부시 행정부 간의 갈등이었다. 부시(George W. Bush) 미국 대통령에게 알 카에다의 오사마 빈 라덴(Osama Bin Laden, 1957~2011)은 인류 평화를 파괴하는 '테러리스트(Terrorist)'로서 악의 화신이다. 그러나 오사마 빈 라덴의 입장에서 부시 대통령은 아랍민족을 억압하는 제국주의자로서 오히려 세계 평화와 자유를 방해하는 악의 화신으로 인식되었다. 이 경우 양측 공히 상대를 없애는 것이 진리를 실현하는 것이다. 따라서 그 갈등은 해결되지 않고 더욱 심화되었다.

요즈음 '아이에스(IS: Islam State)'의 폭력 행위도 따지고 보면 그들 집단의 내부에 자리하고 있는 집단 자아이상이 급진적 방향을 택한 결과이다. 알 카에다는 일개 집단이었지만 아이에스는 자칭 국가라는 칭호를 쓰면서, 전 세계를 '이슬람(Islam)' 국가로 만들어야 인류의 모든 문제가 해결된다는 이상을 가지고 있다. 그러나 여타 나라들에게 있어서 그들이야말로 이슬람 '수니(Sunni)'파 계열의 급진주의자들로서 세계 평화를 방해하는 테러 집단일 뿐이다. 그러하니 곳곳에서 아이에스와의 충돌과 폭력이 그칠 줄을 모르고 있다. 이러한 갈등은 아이에스가 자신들의 자아이상을 버리지 않는 한 지속될 것이다.

북한의 핵무기 개발과 이에 대한 미국의 강력한 제지도 양국 간에 타협할 수 없는 자아이상의 간극이 있기 때문이다. 북한은 왜 미국 및 몇 개 국가들은 핵을 가지고 있는데 우리는 가지면 안 되는가라는 주장을 하고 있다. 반대로 미국은 북한은 불량국가이기 때문에 핵무기를 가지고 반문명적으로 사용할 확률이 있기 때문에 이를 제지해야 한다는 입장이다.

그런데 이야기가 좀 길어지더라도 한 가지를 언급하지 않을 수 없다. 그것은 자아이상이 급진적인 길을 택한 것이 모두 퇴행적이라고 말하기는 어렵다는 것이다. 만약 모두가 현실의 논리만을 따른다면 이 세상은 누가 바꾸어갈 것인가라는 질문을 할 수 있기 때문이다. 현실을 부정하는 일은 한편으로 창조적 의미를 불러일으킬 수도 있다. 우리는 현실 속에서 불가능한 환상이라고 믿었던 우주여행이 현실화되고 있다는 것에서도 이상의 환상성이 보여주는 창조성을 이해할 수 있다. 학문도 예술도 당시에는 환상적인 요소로 인정되지 못했지만 후일에는 큰 창조적 업적으로 인정되는 경우가 허다하다.

따라서 자아이상이 급진적 길을 가는 것을 모두 비판하기는 어렵다고 할 수 있다. 다만 어느 것이 인류가 원하는 꿈을 향한 환상이냐 아니면 인류가 바라지 않은 문명을 파괴하는 환상이냐에 따라 그 퇴행성이 판가름 나게 될 것이다. 물론 그 환상성이 처음 나타날 때 창조성 여부를 판가름하기는 어렵다. 마치 공산혁명가들이 공산주의만이 유일한 인류 구원의 길인 것처럼 외쳤지만 그 결과는 또 다른 독재를 창출하였듯이 말이다. 그러나 이러한 이유로 우리는 여러 분야에서 시도되고 있는 창조적 혁명 정신을 무조건 부정할 수만은 없다.

참고 사항(2-4: 꿈의 실현을 위하여)

* 샤스귀에르 스미젤이 주장한 자아이상의 발달 방향에 대해서는 Janine Chasseguet-Smirgel, 『자아이상*The Ego Ideal*』 참고. 또한 Janine Chasseguet-Smirgel, "Some Thoughts on the Ego Ideal: A Contribution on the Study of 'Illness of Ideality", 참고. 그리고 Yong Shin Kim, *The Ego Ideal, Ideology, and Hallucination*, pp.46~50 참조.

* 어머니의 자궁 속으로 돌아가려는 욕구로서 자아이상에 관한 설명에 대해서는 김용신, 『성리학자 기대승 프로이트를 만나다』, pp.82~83 참조.

* 페렌치가 주장하는 여아의 자아이상이 급진적인 길을 택할 경우에 대해서는 Sandor Ferenczi, *Thalassa: A Theory of Genitality*(New York: W. W. Norton & Co., 1961), 참고. 또한 Yong shin Kim, *The Ego Ideal, Ideology, and Hallucination*, p.47 참조.

* 자아이상이 급진적인 길을 택하더라도 창조성을 발휘할 수 있다는 내용에 대해서는 김용신, 『나는 누구인가: 일반인을 위한 정신분석학』, pp.44~47 참조.

긴장을 완화시키기 위하여

인간은 육체적 및 정신적으로 자동 조절 시스템을 가지고 있다. 육체적으로 수분이 부족하면 물을 찾게 되며, 단백질이 부족하면 고기가 먹고 싶고, 비타민이 부족하면 과일 등이 먹고 싶은 충동이 생긴다. 만약 몸에 수분이 부족한데도 물을 먹고 싶은 생각이 안 난다면 이는 분명 큰 병을 일으키고 말 것이다. 우리가 조그만 상처만 나도 아픔을 느끼는 이유는 이를 치료하라고 몸에서 신호를 보내기 때문이다. 몸에 심한 이상이 있을수록 더 강한 아픔을 느끼는 이유는 더 빨리 몸을 돌봐야 하기 때문이다.

심리적 혹은 정신적으로도 마찬가지이다. 어떤 스트레스를 받았을 때 우리의 마음은 이를 빨리 제거하여 편안한 상태를 유지하려고 하는 욕구가 발동된다. 1895년 프로이트는 그의 동료인 브로이어(Josef Breuer, 1842~1925)와 함께 『히스테리에 관한 연구*Studies on Hysteria*』에서 이러한 현상을 구체적으로 설명하였다. 그 핵심은 인간 무의식에 내재한 감성에는 자아에 대한 자극이나 혹은 어떠한 긴장 상태가 도래되었을 때, 이를 다시 없애려고 하는 본질적 욕구가 있다는 것이다.

이러한 프로이트의 입장은 앞서 언급한 본능 이론에서는 기쁨의 원리라는 측면에서 논의하였다. 즉, 인간은 무의식적으로 기쁨을 확대하고 슬픔을 줄이려고 한다는 것이다. 그런데 상기의 현상을 정신분석학적으로는 보다 구체적으로 '항상성 원리(Constancy Principle)'라고 표현하고 있다. 이는 정신적 혹은 심리적으로 어떠한 긴장이 야기되면 자동적으로 이를 완화시켜서 계속적으로 심리적 안정을 취하려는 인간 심리의 조절 능력을 의미한다.

위와 같은 논리로 보면 히스테리란 육체적 또는 정신적 자동 조절 장치가 제대로 작동되지 않는 데서 나타난 하나의 현상이라고 진단할 수 있다. 무의식에는 긴장이 나타날 때 이를 방어하려는 요소들이 있다. 구체적으로 어떤 상황에 대해 화를 내거나, 흥분하거나, 나아가 복수심이 싹 트게 되는 것은 외부의 충격에 대한 방어적 요소들의 작동으로 나타난 감정이다. 이러한 방어적 감정들을 정신분석학에서는 '해소의 정서(Affects of Discharge)'라고 말하고 있다.

우리가 밤에 꾸는 꿈도 프로이트는 이러한 긴장 해소를 위한 정서의 표출로 일부 이해하고 있다. 자신의 스트레스 혹은 긴장된 감정이 현실에서 제대로 해소되지 못할 때 인간은 꿈을 통해서라도 이를 해소하려고 한다는 것이다. 물론 프로이트에 있어서 꿈이란 우리가 원하는 바를 이루고 싶은 욕구에 기인하기도 한다. 그리고 한 번 느낀 기쁨을 다시 찾아보려는 욕구의 반영이라고도 할 수 있다. 따라서 프로이트에 있어서 꿈이란 소위 '소망 모델(Wish Model)'의 대표적인 예가될 수 있다.

그러나 이 항상성 원리 역시 꿈의 본질을 설명하는 중요한 원리이다. 항상성 원리는 우리의 속담에도 잘 나타나고 있다. "종로에서 뺨 맞고 한강에서 눈 흘긴다"는 말이 그 대표적인 예이다. 이는 종로에서 스트레스를 받았는데 이를 그 자리에서 직접적으로 풀지 못할 경우, 전혀 관련이 없는 한강을 쳐다보고 눈이라도 흘겨 그 화를 푼다는 의미이다. 이야말로 인간 심리의 항상성 원리를 재미있게 표현한 적절한 예이다.

그런데 이와 같은 항상성 원리로 인해 우리의 마음은 또 다른 갈등을 가져올 수 있다는 데 주목하지 않을 수 없다. 일단 받은 긴장을 해소하기 위하여 나타난 방어적 감정이 엉뚱하게 타인에게로 발산되면 그 사람과 새로운 갈등을 야기할 수 있기 때문이다. 종로에서 뺨을 맞고 한강을 향해 눈을 흘기면 그나마 괜찮을 텐데, 만약 길가는 엉뚱한 사람에게 눈을 흘겼다면 이는 분명 그 사람과 새로운 갈등을 유발하게 될 것이다.

우리는 현실 속에서 어느 한 쪽에서 받은 긴장을 다른 방향에서 해소하려는 과정에서 제 2의 갈등을 자주 빚고 있다. 많은 사람들은 부부 싸움하고 출근하여 엉뚱한 곳에서 화를 푼다. 부하 직원에게 화를 낸다든지, 상관의 말에 괜히 저항한다든지 한다. 만약 사람을 향해 화를 못 내겠으면 물건이라도 부수면서 자신의 화를 풀려고 한다. 이러한 경우를 경험하거나 목격하지 않은 사람은 거의 없을 것이다. 이처럼 다른 곳에서 화풀이를 하는 행위들은 자기도 모르게 무의식적으로 나타난다. 바로 항상성 원리 때문이다.

개인적인 문제를 넘어서 국가나 집단 간에도 항

상성 원리에 기초한 전쟁이 종종 야기된다. 그 대표적인 예는 미국과 이라크의 전쟁이다. 우리가 잘 알듯이 2001년 9월 11일 뉴욕의 무역 센터가 테러리스트들의 비행기 충돌에 의한 폭발로 붕괴되었다. 펜타곤(미국 국방부 청사)도 일부가 훼손되었다. 당시 사망자만 약 3,000여 명에 달했다고 하니 미국으로서는 건국 이래 외부로부터의 공격에 의한 엄청난 피해를 당한 것이다. 이러한 현실 앞에서 미국 정부는 어떠한 수를 써서라도 그 범인을 잡아야 하는 처지에 놓이게 되었다. 그렇지 않고는 미국 국민들을 위로할 수 없고 추락한 국가의 위신을 세우지 못하기 때문이다. 다시 말하면 이에 따른 국가적 긴장을 해소할 수밖에 없었다.

그런데 다행히 알 카에다 조직이 범행을 저질렀다고 스스로 공포하였으니 미국으로서는 그들을 공격할 수밖에 없었다. 그리하여 알 카에다의 은신처라고 생각되는 곳에는 무자비한 폭격을 감행하였다. 특히 아프가니스탄(Afghanistan)의 산악지대에 오사마 빈 라덴이 숨어 있다는 정보에 따라 토벌 작전을 개시하였다. 그런데 시간이 상당히 흘러도 오사마 빈 라덴을 체포하지 못하였다. 그러니 미국 정부는 초조하고 당황하지 않을 수 없었다. 세계 제일의 군사 대국이 일개 테러 분자인 오사마 빈 라덴 정도도 못 잡다니!

그러던 차에 아프가니스탄에 인접해 있는 이라크의 사담 후세인(Saddam Hussein) 정부가 알 카에다에게 다량살상무기를 제공하고 있다는 정보가 들어왔다. 미국 입장에서는 오사마 빈 라덴을 무력화하기 위해 후세인 정부의 다량살상무기가 알 카에다의 손에 넘어가지 않도록 조치를 취할 명분이 생긴 셈이다. 이러한 명분에 의해 미국은 드디어 2003년 3월 20일 갑자기 이라크를 공격하였다. 그리고 그해 12월 사담 후세인을 체포하여 재판정에 내세웠으며, 2006년 12월 30일 사형을 집행하였다.

사담 후세인을 좋은 정치인이라고 말하는 사람은 거의 없을 것이다. 그는 독재자였음이 분명하다. 이런 이유로 미국의 후세인 축출이 부당한 것으로 비추어지지는 않았다. 그런데 후일 여타 보고에서는 당시 이라크가 다량살상무기를 확보하고 있었다는 뚜렷한 증거를 찾지 못했다는 말도 나돌았다. 그렇다면 당시 미국과 이라크의 전쟁의 본질은 알 카에다로부터 공격을 당한 미국이 항상성 원리에 의해

분을 풀려는 과정에서 야기된 것으로 추측할 수 있다. 즉, 미국이 이라크를 공격하게 된 원래 목적은 독재자 후세인을 축출하려는 것이 아니었다는 추론이 가능하다.

미국은 이라크 전쟁을 통해 사담 후세인 정부를 축출함으로써 일부의 분은 풀었다고 할 수 있다. 그러나 이러한 전쟁을 승리하고도 오사마 빈 라덴을 잡지 못했으니 9.11사태의 분은 완전히 해소되지 못한 셈이다. 이러한 이유로 버락 오바마(Barack Obama, 1961~) 정부에서까지 오사마 빈 라덴의 체포는 중요한 이슈가 되었다. 그리고 드디어 2011년 5월 1일 오사마 빈 라덴을 사살함으로써 9.11사태의 분풀이를 일단락 짓게 되었다. 9.11 사태에 따른 미국 국민들의 분노는 그 정도가 엄청났기 때문에 오사마 빈 라덴의 살해는 오바마 대통령을 재선시키는 데 큰 영향을 미친 것으로 분석되었다.

긴장을 완화하려는 우리의 자동 조절 장치는 흔히 제 2의 갈등과 폭력을 야기하는 원인이 된다. 우리의 심리는 어떤 형태로든지 긴장을 풀어서 다시 마음이 안정되기를 바란다. 그런데 한번 느낀 긴장이 자연스럽게 해소되기는 매우 어려운 일이다. 도

사나 성인군자라면 몰라도 대개의 사람들은 이러한 긴장을 다른 곳을 향하여 분출하여 해소할 수밖에 없다. 그리고 이러한 행위는 제 2의 갈등과 폭력을 야기하는 원인을 제공하고 있다.

긴장 해소를 위한 출구 전략이 제 2의 갈등을 유발하면 이에 따라 또 다른 긴장이 초래될 것이다. 그리고 그 긴장을 해소하기 위한 갈등이 계속된다면 이러한 행위들은 꼬리에 꼬리를 물어 악순환을 거듭할 수도 있다. 그러니 항상성 원리에 따른 결과 역시 자칫 우리에게 약도 주고 병도 주는 셈이다.

참고 사항(2-5: 긴장을 완화시키기 위하여)

* 프로이트의 항상성 원리에 대해서는 Josef Breuer and Sigmund Freud, *Studies on Hysteria*, In *S.E.*, Vol. 2 참고. 또한 Jay R. Greenberg and Stephen A. Mitchell, *Object Relations in Psychoanalytic Theory*, pp.25~28.
* 프로이트의 소망모델에 대해서는 Jang R. Greenberg and Stephen A. Mitchell, *Object Relations in Psychoanalytic Theory*, pp.28~30 참조.
* 이라크의 사담 후세인 정부가 다량살상무기를 비축하고 있었다는 정보의 진위에 대한 논란에 대해서는 『중앙일보』 2003년 6월 2일자 참조.

3. 갈등과 폭력 완화를 위한 마음의 원리

인간은 자신의 삶을 보존하기 위해, 자신의 영향력을 확대하기 위해, 자신의 이익을 위해, 자아의 실현을 위해 그리고 스스로의 정서적 안정을 취하려는 과정에서 다양한 갈등들을 유발하고 있다. 깊이 따지고 보면 갈등이란 우리의 삶을 위한 불가피한 무의식적 반응이다. 그런데 여기에서 우리는 하나의 문제를 발견하게 된다. 이는 바로 우리의 삶을 위한 정서적 반응들이 때로는 퇴행성을 유발함으로써 우리에게 또 다른 고통과 슬픔을 안겨다 준다는 것이다.

이러한 인간 정서의 진행 양상들을 살피면서 우리는 새로운 질문을 하지 않을 수 없다. 우리의 삶을 위한 정서적 반응들이 퇴행적으로 나아가는 것을 막을 길은 없는가? 아니면 완전히 막지는 못하더라도 적어도 약화시킬 수 있는 길은 없는가?

이 질문의 답을 위해서 우리는 다시 한 번 인간의 원초적 욕구를 살펴볼 필요가 있다. 앞서 논의한 대로 인간은 고통과 슬픔을 줄이고 정신적으로 안정을 취하려고 하는 욕구를 가지고 있다. 그렇다면 이러한 감성적인 항상성 원리는 우리의 퇴행적 행동들이 가져오는 고통과 슬픔을 줄이는 데도 적용되어야 한다.

결국 우리는 우리의 삶을 위한 감성의 표현들이 퇴행적 행위로 연결되는 것을 방지하거나 적어도 그 연결고리를 약화시킬 수 있는 방법들을 모색해야 한다. 물론 이러한 시도는 인간이 비자족성으로부터 오는 원초적 슬픔 및 문명으로부터 억압받은 감성적 상처를 치유할 수 있는 정신분석적 원리에 근거하여 논의되어야 한다. 상처와 슬픔이 완화되면 자연히 퇴행적 행위들은 줄어들 것이기 때문이다.

사랑의 감성을 확대하자

프로이트는 우리의 원초적 본능으로 사랑과 죽임 혹은 공격성이라는 요소를 제시하였다. 대상관계이론에서는 클라인의 이론을 받아들여 프로이트가 주장한 이 두 개의 본능들을 사랑과 미움이라는 양대 감성들로 재해석하였다. 그리고 이러한 감성들은 본능을 넘어서서 대상과의 관계 속에서 형성된다고 주장하고 있다. 인간의 무의식이란 본능에만 의존하는 것이 아니라 자아와 대상과의 끊임없는 내사와 투사를 통해 형성된다고 보고 있기 때문이다. 이러한 내용은 앞서도 잠깐 언급한 바 있다.

프로이트는 『문명과 그 불만족』에서 사랑의 본능으로 인한 문명의 긍정성을 강조하였다. 그는 문명이란 사랑과 죽임의 본능 간 갈등을 겪고 있지만, 죽임의 본능을 억제함으로써 진화될 수 있다고 주장하고 있다. 이를 다시 대상관계이론과 연결시키면 타인과의 관계에서 형성되는 사랑의 감성에 대한 긍정성을 의미한다고 할 수 있다. 그렇다면 우리는 일상생활 속에서 사랑의 감정을 키우고 미움의 감정을 약화시키는 일이야 말로 퇴행적 갈등과 폭력을 줄이는 중요한 방법임을 알게 된다.

그런데 이처럼 사랑의 마음을 강화시키고 미움의 감정을 약화시키는 일이 쉽지는 않다. 대상관계이론에서도 대상이 나쁘게 느껴지면 미움의 감정이 생긴다고 했는데, 모든 대상을 다 좋게 느끼는 데는 한계가 있기 때문이다. 인간은 본질적으로 비합리적 존재이며 이기적 존재라고 하면 이러한 한계성은 더욱 명백해진다.

그럼에도 불구하고 이러한 문제를 해결하기 위해서 인간들은 그간 수많은 노력을 해왔다. 보다 평화로운 삶을 위해서이다. 우선 학문적으로 인간성을 이해하는 데 이성을 강조하면서 인간은 합리적 존재임을 주장하는 철학적 흐름은 이 문제를 해결하는 대안적 요소들을 나름대로 제시하여 왔다고 할 수 있다. 이러한 철학적 주장은 정신분석학적으로 해석하면 조금은 역설적 해석이 가능하게 된다. 이는 바로 설령 인간이 옳고 그름을 판단하는 이성의 힘을 가지고 있지 않다 하더라도, 그것이 있다는 믿음을 강화시킴으로써 인간의 비합리적 요소들을 제거해 나가는 데 긍정적 역할을 할 수 있다는 것이다.

이성의 존재에 대한 믿음의 강조는 헤겔(Georg W. F. Hegel, 1770~1831)의 역사 인식에서도 찾을 수 있다. 헤겔은 이성을 강조하면서도 고대 철학자들, 특히 플라톤이 이야기하는 '이데아(Idea)'를 향한 자발적 움직임에는 동의를 하지 않은 것 같다. 차라리 그는 인간의 모든 행위를 갈등에 근거하여 바라보았다. 그리하여 인간은 정신적으로 '정(Thesis)'과 '반(Anti-Thesis)'의 갈등을 통한 '합(Synthesis)' 의 과정을 반복하면서 최후에는 인간의 '자유 정신(Free Spirit)'을 완전히 경험하게 되는 역사적 변증법을 주장하고 있다.

여기에서 우리는 재미있는 발상을 다시 한 번 해 볼 필요가 있다. 그것은 바로 헤겔의 자유 정신이 발현되는 단계는 인간이 감성적인 면에 있어서도 고통이 없고 기쁨이 가득한 세상일 것이라는 전제로부터 출발할 수 있다. 헤겔은 고대 플라톤이나 아리스토텔레스처럼 감성은 자칫 인간을 비합리적인 방향으로 인도할 수 있지만, 이성의 힘을 통해 이를 극복

할 수 있다고 주장한 사람이다. 그런데 이때 합리성을 위해 이성의 제약을 받은 감성이 계속 불편함을 느낀다면 진정한 자유 정신의 발현을 기대하기 어려울 것이다. 자유 정신이란 인간의 감성적 만족까지를 내포한 완전성을 의미하기 때문이다.

정신분석학에서 인간이 기쁨을 확대하고 고통을 줄이려는 자아이상의 욕구도 결국은 완전성을 회복하려는 노력이라고 볼 수 있다. 그렇다면 이성의 힘을 부정한 정신분석학적 입장에서 보면 이러한 자유 정신은 인간의 감성이 요구하는 바를 포함하고 있어야 한다. 다만 정신분석학에서는 완전한 자아이상의 성취가 현실적으로는 어렵다고 볼 뿐이다. 그러나 한편으로는 인간은 '환상(Hallucination)'을 통해서라도 일부나마 그 완전성을 경험하게 되는 심리적 출구를 설명하고 있다.

이러한 관점에서 보면 인간은 감성적 완전성을 위해서 스스로 사랑의 감성이 확대되는 것에 본질적 거부감을 나타낼 이유는 없어지고 만다. 구체적으로 말하면 환상을 통해서도 감성의 완전성을 회복하려고 하기 때문이다. 특히 모두가 아니면 적어도 다수에게 있어서 생존의 문제가 크게 위협당하지 않는다면, 혹은 그들 간에 추구하는 자아이상에 큰 간극이 없다고 하면, 타인을 위한 미움의 감정은 적어도 약화될 수 있다.

따라서 사랑의 감정을 확대하고 미움의 감정을 줄이는 일이 이론적으로는 전혀 불가능한 일이 아님을 느낄 수 있다. 이러한 점 때문일까? 다수의 종교들에 있어서도 사랑의 마음을 강조하고 있다. 기독교는 말할 것도 없고 불교의 자비도, 혹은 유교의 인(仁)도 따지고 보면 다 사랑이라고 볼 수 있다. 이처럼 종교에 있어서 사랑의 강조는 실질적으로 우리 사회에 긍정적인 역할을 하고 있음을 부인하기는 어려울 것이다.

이성의 힘을 부정하는 정신분석학적 입장에서 종교가 강조하고 있는 사랑은 홉스가 말한 '보이는 힘(Visible Power)'이 아닌 '보이지 않는 힘(Invisible Power)'에 의존한 것이라고 해석할 수 있다. 기독교에서는 하나님 그리고 천당이라는 개념을 통해 사랑의 힘을 강조한다. 불교에서도 극락 혹은 모든 고통이 없는 열반(涅槃)의 세계를 주장하면서 자비를 강조하고 있다. 자비란 타인에게 사랑을 베푼다는 의미와 다를 바가 없다. 그리고 유교에서는 사후가 아닐

지라도 적어도 현실 속에서 행복한 미래를 위해 인을 강조 한다. 유교에서 인이란 감성적으로는 '측은지심(惻隱之心)'이라는 사랑의 요소를 가지고 있다.

극단적으로 말하면 정신분석학적으로 천당이나 극락 혹은 아직 오지 않는 미래의 세상은 환상에 불과할 수도 있다. 그러나 이것 역시 인간 감성의 믿음에 근거한다고 하면 환상의 믿음을 통한 사랑의 확대가 불가능한 것만은 아니다. 정신분석학에서는 앞서도 언급했듯이 자아이상이란 환상 속에서도 그 완전성을 추구하려고 하기 때문이다. 실제로 인간의 삶에 있어서 환상이 없다면 우리의 슬픈 감성은 현실에서 해소의 출구를 찾지 못한 채 맴 돌기만 하고 있을 것이다. 따라서 환상을 통해서라도 우리는 불만과 울분을 해소하는 출구를 찾아야 하지 않겠는가!

정신분석학적으로 보면 환상이지만 많은 사람들은 천당이나 극락 혹은 미래의 행복을 향한 그들 나름대로의 믿음을 통해서 사랑의 마음을 키워가고 있다. 그리고 이에 근거하여 타인을 향해 많은 선행을 하고 있다고 할 수 있다. 이와 같은 환상이란 인간만이 가질 수 있는 유일한 정신적 작용이다. 이런 점에서 일본의 정신분석학자인 가시다 슈(岸田 秀)가 인간은 환상을 쫓는 동물로 규정하고, 세상의 모든 것은 환상이라는 '유환론(唯幻論)'을 주장한 이유도 일부 이해 할만하다.

그렇다면 우리는 우리의 슬픔을 해소하기 위해서는 최후에 환상을 통해서라도 사랑의 감성을 확대하고 미움의 감성을 축소하는 노력을 해야 한다. 현실에서 확인될 수 없는 천당이나 극락 같은 개념을 떠나서도 미래의 평화로운 삶을 상상만 해도 우리는 현실 속에서 생성된 화를 일부는 참을 수 있다. 그리고 미움의 억제로 인해 예상된 갈등이 완화되었음을 느꼈을 때는 또 다른 기쁨을 느끼게 되는 것을 경험할 수 있다. 화가 났을 때 이를 참는 것은 심한 스트레스를 동반한다. 그러나 이러한 화를 참음으로써 미래에 야기될 수 있는 2차적 갈등을 피할 수 있었음을 확인하게 되면 그 화를 잘 참았다는 생각이 들게 된다.

이러한 감성의 변화는 현실 속에서 우리들이 흔히 느낄 수 있다. 부부간에 갈등이 존재하였을 때도 한 쪽이 참으면 그대로 넘어갈 수가 있다. 이때 참는다는 것은 미래의 평화로운 부부관계를 상상하면서 상대에 대한 사랑의 마음을 확대하는 일이다. 물론

이 과정에서는 현실적으로 또 다른 스트레스가 나타날 수도 있다. 그러나 이로 인해 싸움이 크게 전개되지 않았다는 사실을 느끼게 되면 그 때 참기를 잘 했다는 생각이 들게 된다.

모든 인간관계에 있어서도 마찬가지이다. 우리는 오늘뿐만이 아니라 내일도 살아가야 한다. 따라서 적어도 미래에 도래할 슬픔을 방지하기 위하여, 오늘 미래의 평화로운 삶을 상상하면서 가능한 사랑의 마음을 키우고 미움의 마음을 줄여가는 것이 바람직하다.

물론 모든 미움들을 다 사랑으로 바꾸기는 거의 불가능하다고 볼 수도 있다. 특히 생과 사의 기로에서도 원수를 사랑한다는 것은 적어도 정신분석학적으로는 불가능에 가깝다. 그러나 자기의 가치관에 절대적으로 배치되지 않는 일상의 일들에서는 사랑의 확대가 전혀 불가능하지는 않다. 특히 지금 화를 참았기에 나중 그로 인한 제 2의 갈등이 나타나지 않았다는 것을 느끼게 되면 당시 인내로 인하여 야기되었던 스트레스도 해소될 것이다.

참고 사항(3-1: 사랑의 감성을 확대하자)

* 프로이트가 주장한 죽임의 본능을 억제함으로써 이루어지는 문명의 발전에 대해서는 Sigmund Freud, *Civilization and Its Discontents*, p.69 참조.

* 헤겔의 이성 강조 및 역사 인식에 대해서는 Pierre Hassner, "Georg W. F. Hegel," Translated by Allan Bloom, in *History of Political Philosophy*, Edited by Leo Strauss and Joseph Cropsey(Chicago and London: The University of Chicago Press, 1987), pp.732~760 참조. 또한 김용신 『성리학자 기대승 프로이트를 만나다』, pp.70~71 참조.

* 공자(유학)가 설명한 측은지심에 대해서는 김용신, 『성리학자 기대승 프로이트를 만나다』, pp.27~30 그리고 39~63 참조.

* 가시다 슈가 주장한 유환론에 대해서는, 가시다 슈, 『게으름뱅이의 정신분석학』 1과 2, 우주형 역(서울: 깊은 샘, 1995), 참고.

초자아의 기능을 강화하자

우리는 기존 이론들이 지적하고 있는 퇴행적 행위들의 원인들을 살피면서 가장 문제가 된 점은 공히 정신분석학적으로는 자아이상이라는 것을 알 수 있었다. 본능 이론이 강조한 기쁨의 원리도 자아이상과 밀접한 관련이 있다. 불만에 따른 공격 이론도 결국은 자아이상의 기준에 따라 불만이 형성된다고 볼 수 있다. 사회적 학습이론에 있어서 일정한 통제가 청소년들의 폭력에 대한 죄의식을 강화시킨다는 주장은 자아이상이 초자아의 적절한 통제를 받을 필요가 있음을 암시하고 있다. 정신분석학적 접근법을 활용한 이론의 경우는 말할 것도 없이 폭력 행위에 있어서 자아이상의 퇴행성을 지적하고 있다.

필자가 분석한 갈등과 폭력에 대한 무의식의 동적 양상을 살펴보더라도 그 핵심에는 자아이상의 역할이 자리하고 있음을 알 수 있다. 자아이상은 우리에게 꿈과 희망을 불러일으키는 원인을 제공하고 있다. 그리고 나아가서는 우리의 가치관을 형성하는데 제일 중요한 역할을 하고 있다. 자아이상이란 우리 모두에게 그 형태가 무엇으로 나타나든 자아의 실현을 향한 원초적 욕구이기 때문이다.

따라서 갈등 및 폭력을 향한 무의식의 동적 양상들 속에서도 모두 자아이상의 역할이 잠재하고 있다. 서로에게 영향력을 확대해 가려는 노력은 결국 우리의 자아이상이 원하는 바를 따름으로써 발생되는 행위이다. 이기심에 근거하여 이익을 극대화하려는 욕구도 따지고 보면 각자의 자아이상에 그 뿌리를 두고 있다. 정서적 안정을 위한 2차적 갈등과 폭력도 실은 자아이상의 만족을 향한 행위라고 볼 수 있다.

그렇다면 우리는 갈등과 폭력적 행위를 줄이는데 가장 중요한 것은 자아이상의 퇴행적 발현을 어떻게 억제시킬 수 있느냐에 초점이 맞추어지게 된다. 이는 말할 것도 없이 초자아의 기능을 강화시키는 일이다. 앞서도 설명하였듯이 초자아란 현실의 원리를 따르려는 욕구이다. 때문에 그러한 현실 인식을 강화시키면 자아이상의 비현실적 발현을 일부

나마 억제할 수 있을 것이다. 미국 정신분석학계의 한 흐름을 주도하고 있는 컨버그(Otto Kernber; 1928~)도 대 집단 내에서 야기되는 퇴행성을 설명하면서 초자아는 폭력을 방지하고 자아의 현실적 주체성을 보호한다고 했다.

우리는 이미 샤스귀에르 스미젤이 주장한 자아이상의 두 가지 발전 방향을 논의한 바 있다. 이때 자아이상이 초자아의 욕구를 완전히 무시한다면 바로 퇴행적 행위를 불러일으키게 된다는 점을 알았다. 반면 자아이상은 창조적 발상의 근거가 되기도 한다는 점을 인식할 수도 있었다. 그러면 어떻게 자아이상이 초자아와 적절한 조화를 이루면서 현실도 인식하고 또 꿈도 키워갈 수 있는가?

이 질문에 대한 객관적인 답을 도출하기는 매우 어렵다. 앞서도 언급했듯이 자아가 경험하는 대상 혹은 외부 세계와의 내사와 투사 과정은 개인마다 편차가 심하기 때문이다. 쉽게 말하면 사람에 따라 외부 충격에 대한 반응이 각기 다르기 때문이다. 그럼에도 불구하고 우리는 초자아의 활성화 혹은 자아이상과 초자아 간의 적절한 조화에 대한 기본적인 설명은 할 수 있다.

샤스귀에르 스미젤에 따르면 자아이상이란 원초적 자아도취의 완전성으로 회기하려는 욕구이기 때문에 그 발전은 어머니와의 관계에 큰 영향을 받는다. 처음 태어난 이이들은 자신을 처음 돌보아주는 어머니를 바로 자신으로 인식한다. 그리고 초자아의 발달은 아버지의 역할과 밀접한 관련성이 있다. 오이디푸스 콤플렉스를 통하여 어머니 사랑의 대상은 아버지라는 현실을 인식하는 데는 아버지의 역할에 큰 영향을 받기 때문이다. 이러한 논리로 우리의 전통 사회와 현대사회에 있어서 어린이 자아이상의 발전 단계를 비교하여 보면, 자아이상과 초자아의 조화에 대한 일련의 실마리를 찾을 수 있다.

우리의 전통 사회에는 '엄부자모(嚴父慈母)'란 말이 있었다. 어머니는 자애롭고 아버지는 엄해야 한다는 뜻이다. 이렇게 되면 한편으로는 어머니의 자애로움으로 자아이상을 마음껏 발휘하고, 다른 한편으로는 아버지의 엄격함으로 현실의 의미를 깨달아 자아이상의 환상적 퇴행성을 방지할 수 있을 것이다. 정신분석학적으로 엄부자모는 자아이상과 초자아의 균형을 추구하고 있기 때문에는 매우 의미 있는 교육적 방법이다.

엄부자모의 이론에도 불구하고 한국의 유교 전통에서는 엄부만이 너무 강조되었음을 부인하기는 어렵다. 과도하게 엄격한 아버지는 아이들에게 꿈과 희망을 주는 데 오히려 방해 요인으로 작용할 수 있다. 한국의 유교적 전통 사회에서 아들은 영원히 아들이어야만 했다. 아버지의 명을 어기는 것이야말로 가장 큰 불효이며, 불효야 말로 인간으로서의 가치를 상실하는 큰 죄였던 것이다. 이러한 상황에서 모든 것은 아버지의 허락하에 이루어져야 한다. 이는 현실을 거스르는 생각 자체가 발현되기 어려웠다는 것을 의미한다. 따라서 정신분석학적으로 보면 아버지 권위의 절대성은 자아이상의 발달을 억제함으로써 과거 유교 사회의 창조적 변화를 저해하여 왔던 가장 큰 요인이었다고 말할 수 있다.

그런데 이러한 전통은 근대사회에 들어서면서 여지없이 파괴되었다. 현대사회에 들어와서 한국 아버지들의 역할은 크게 축소되고 말았다. 경제 발전이라는 구호 아래 새벽에 나갔다 저녁 늦게 집에 들어오니 아이들과 대화할 시간이 없게 된 것이다. 여기에 여권 신장은 어머니에게 가정의 모든 실권을 집중시키게 하는 요인이 되기도 하였다. 그러니 아이들은 어머니로부터의 보살핌과 현실 인식에 대한 교육을 다 받아야 했다. 이런 상황에서 어린이와 어머니의 애착 관계는 더욱 강해지게 되었다.

특히 "둘만 낳아 잘 키우자"는 슬로건으로 아이들을 둘 이상 낳지도 않았으니 그들이야 말로 온갖 귀여움을 독차지할 수밖에 없었다. 여기에 자기의 한까지를 자식들을 통해 풀려는 어머니의 욕심이 첨가되기 시작했다. 이로 인해 어머니들은 아이들을 자신들의 '자아도취적 도구(Narcissistic Tool)'로 인식하게 되었다. 그 결과, 아이들에 대한 사회적 혹은 도덕적 통제는 약화되고, 좋은 대학에 입학시켜 출세만 시키려는 열풍을 몰고 오기도 하였다.

아버지의 통제 없이 어머니의 과보호 아래에서만 자란 아이들은 버릇이 없기 마련이다. 자기만 알고 타인에 대한 배려심도 발전되지 못한다. 경쟁 사회라는 미명 아래 자기만 좋은 대학에 가고, 자기만 출세하면 그것이 곧 성공이라는 묘한 논리에 빠져들게 된다. 요즈음 우리는 흔히 버릇없는 젊은이들을 자주 목격한다. 물론 모든 젊은이들이 다 그렇다는 것은 아니다. 다만 버릇없는 젊은이들의 행동을 분석한다면 상당수 그 근저에는 어머니와의 애착관계에 근거한 자아이상의 퇴행적 발전 단계가 존재하고 있다.

따라서 근래 우리 사회에는 '고개 숙인 아버지'라는 말이 자주 등장되고, 아버지 역할에 대한 많은 논의들이 전개되고 있다. 그런데 누가 아이들을 돌보고 또 현실의 원리를 가르쳐 주느냐는 문제를 꼭 어머니와 아버지로 국한하여 이해할 필요는 없다. 홀어머니나 홀아버지 밑에서 자란 아이도 있을 것이고, 혹은 제 3자의 보살핌으로 자라나는 경우도 있기 때문이다. 다만 중요하게 인식되어야 할 문제는 어린이들은 누구를 통해서든지 현실의 의미를 건전하게 이해하면서 자라나야 한다는 것이다.

이러한 논리에 근거한다면 우리 자신의 초자아적 요소를 강화하는 일은 매우 중요하다. 현실에는 나만 존재하는 것이 아니다. 아니 나만은 혼자 존재할 수도 없다. 인간은 사회적 동물이기 때문이다. 그렇다면 우리는 함께 사는 법을 배워나가야 한다. 이를 위해서는 우리의 퇴행적 자아이상을 억제시키는 초자아의 힘을 강화시켜 나가야 한다는 결론에 자연스럽게 도달하게 된다.

그렇다고 우리의 꿈을 버리라는 것은 아니다.

이는 자아이상과 초자아의 적절한 조화가 필요할 뿐, 자아이상의 긍정적 역할마저 배제해서는 안 된다. 우리는 끊임없이 자아이상을 향해 앞으로 나아가야 한다. 이는 바로 자아실현의 원동력이며 문명 진화의 기초가 된다. 다만 반문명적 자아이상의 퇴행성은 막아야 한다. 이 경우 어느 것이 반문명적이냐 하는 문제를 정신분석적으로는 규정 짓기는 매우 어렵다. 선과 악의 절대적 개념을 인정하지 않고 있기 때문이다. 다만 어느 시대이든 다수를 슬프게 하는 일들을 우리는 반문명적이라고 말할 수밖에 없다.

자아이상과 초자아의 조화는 이번 100만 내지 200만 명의 촛불 집회에서도 잘 나타났다. 이렇게 수많은 군중들이 모이면서 폭력적 상황이 전개되지 않았다는 것은 매우 이례적인 일이다. 따라서 세계인들은 한국 국민들의 성숙된 민주적 행위에 감탄하였다. 이러한 비폭력 시위야말로 한국의 사회적인 초자아 역량이 엄청나게 발달되어가고 있음을 잘 증명하고 있다. 시위에 참여한 국민들의 마음 속에 부도덕한 대통령의 퇴출을 주장하려면 스스로 도덕적이어야 한다는 초자아적 심리가 발동된 결과라고 볼 수 있다. 부도덕성을 규탄하기 위하여 부도덕적인 방법을 쓴다는 것은 명분이 없는 일이 될 수도 있기 때문이다. 그래서 국민들은 시위를 끝낸 후에는 거리 청소까지 하는 도덕성을 발휘한 것이다.

물론 이러한 비폭력적 시위의 배경에는 상대방에게 어떤 결점도 보이주지 않아야 그들의 역공을 미연에 방지할 수 있다는 전략적 생각이 깔려 있다고도 볼 수 있다. 어떤 주장을 할 때 상대방에게 객관적으로 잘못된 행동이 수반되면 그 주장의 당위성이 훼손된다는 두려움이 초자아를 강화시키는 계기가 되었다는 것이다. 그렇다면 초자아의 강화는 단순히 자신을 억제하여 부드러운 현실적 상황을 유도하는 데 그치지 않고 자신의 주장을 관철시키는 좋은 방법이 될 수 있음도 말해 주고 있다.

지금까지 군중심리에 대한 심리학적 내지는 정신분석학의 이론들은 대개의 경우 조직되지 않는 집단으로서 군중의 행동에는 원초적 공격성이 수반되기 쉽다는 논리가 주류를 이루어왔다. 프로이트가 그의 『집단심리와 자아의 분석』에서 인용한 프랑스 사회심리학자 르봉(Gustav Le Bon, 1841~1931)이나 영국 태생으로 미국에서 활동한 맥도갈(William McDogall, 1871~1938), 그리고 영국 출신 의사로서 사회심리학자인 트로터(Wilfred Trotter: 1872~1939)의 주장들은 모두 군중의 폭력적 퇴행성을 지적하고 있다.

예를 들면 르봉은 『군중: 대중의 마음에 관한 연구*Crowd: A Study of the Popular Mind,* 불어, *La Psychologie des Foules*』에서 개인은 군중 속에서 그 개인의 생각을 버리고 군중의 감성에 휩쓸리기 쉬운데, 대개는 극단적이며 충동적인 행동을 분출시킨다고 말하고 있다. 맥도갈도 『집단의 마음*The Group Mind*』에서 개인은 군중 속에서 자신의 감성을 통제하기 어렵다고 주장하고 있다. 그리고 트로터는 『평화와 전쟁에 있어서 군중의 본능*Instinct of the Herd in Peace and War*』에서 개인이 군중심리에 빠지게 되면 군거 동물로서 원초적인 퇴행적 행위를 유발하기 쉽다고 말하고 있다.

앞서 초자아의 활성화 강조에서 잠깐 언급한 대집단 및 지도자의 병리적 성격 분석으로 이름을 떨치고 있는 컨버그 역시 일면 고전적이라 할 수 있는 상기 이론들과 같은 주장을 하고 있다. 앞서 언급한 프로이트의 『집단심리와 자아의 분석』은 집단 내에서 구성원과 지도자의 관계를 주로 설명하고 경우에 따라 집단의 구성원은 그들의 지도자를 이상화한다고 주장함으로써 집단 구성원의 퇴행적 행동을 지적하였다. 그런데 컨버그는 프로이트의 『집단 심리와 자아의 분석』의 원제목은 독일어로 *Massenpsychologie und Ich-Analyse*라는 점을 지적하면서 프로이트가 분석한 집단은 군중(Mass)에 가깝다고 말하고 있다.

따라서 그는 군중이 아닌 대집단 행동 연구를 시도하였는데 결국은 군중 행동의 양태와 크게 다름이 없음을 확인하게 되었다. 그는 『내적 세계와 외부적 현실: 대상관계이론의 적용*Internal World and External Reality: Object Relation Theory Applied*』에서 대집단 내에서도 군중에서와 마찬가지로 개인의 주체성이 상실되고 군중 심리에 함몰되는 경우가 종종 있을 수 있다고 주장하고 있다. 즉 개인은 대집단 내에서 퇴행적 공격성을 발휘하기 쉬운데, 구체적으로는 조직되지 않는 집단일수록 퇴행적 경향은 더 두드러진다는 것이다. 따라서 그는 결국 조직된 집단일수록 앞에서 언급한 대로 초자아적 기능이 작동될 수 있다고 보고 있다. 그리고 초자아야말로 퇴행적 행동의 방지를 위한 기본적 요로로 해석하고 있다.

이러한 기존의 이론들로는 지난번 박근혜 대통령 퇴진을 외치는 100만 내지 150만 대군중의 촛불 시위에서 폭력 행위가 나타나지 않았음을 설명하기는 상당히 어렵다. 지난번 촛불 시위는 주최 측은 있었지만 그 주최 측이 광화문광장에 모인 군중을 통제할 수 있는 권위나 힘을 가진 것은 아니었다. 대개의 국민들은 촛불 집회에 자발적으로 참여했다고 보면, 그들을 일사불란하게 움직이게 한 힘은 주체 측의 조직적 리더십이라기보다는 참여한 군중들의 심리적 일치감이라고 밖에 해석할 길이 없다.

그들은 모두 박근혜 대통령 퇴진에 대한 깊은 교감이 있었다. 그리고 거기에 모여 보니 스스로 수많은 군중을 보면서 이것이야말로 대세임을 느끼게 된 것이다. 그들이 느끼는 대세라는 의미는 바로 정서적으로 진리라는 믿음과 연결성을 가지게 된다. 그리고 동시에 진리는 승리하는 것이며 이는 어떠한 힘으로도 되돌릴 수 없다는 믿음을 더욱 공고하게 만든 것이다. 폭력이란 상대에게 힘이 밀릴 때 주로 사용되는데 완전한 제압이 분명해지면 폭력 자체를 사용할 필요도 없어진다.

이 문제는 또 다른 측면에서도 설명이 가능하다. 예를 들면 상대와 어떤 다툼이 생길 경우 서로의 행동에 대한 변명들이 나름대로 의미를 가지게 되면 그 갈등은 쉽게 그치지 않는다. 그러나 누가 보아도

어느 일방의 잘못이 너무 클 때에는 심한 싸움으로 발전되기는 어려운 것이다. '최순실 게이트'는 대통령의 입이 열 개라도 변명의 소지가 없었다. 그러니 촛불 집회에서 긴 이야기는 필요도 없었던 것이다. "박근혜는 물러나라!"고 외치면 끝이다. 그리고 시간과 방법의 문제이지 물러나지 않고는 견딜 수 없을 것이라는 믿음이 대다수의 국민 마음에 깔려있었기에 폭력을 쓸 필요가 없었다.

이러한 믿음의 정서는 바로 앞서 설명한 명분과 전략적 의미 그리고 컨버그의 조직적 요소 이외에 폭력적 행위를 유발시키지 않은 또 하나의 중요한 요소라고 볼 수 있다. 따라서 지난번 한국 사회에서 벌어졌던 수백만 명의 평화적 촛불 시위는 정신분석학적으로 다수의 군중 행동 속에서도 집단적 초자아가 작동될 수 있음을 보여주는 좋은 예라고 할 수 있다. 이는 기존 이론들과 달리 조직되지 않은 군중 속에서도 초자아의 활성화가 가능함을 시사하고 있는데 그 핵심에는 승리감이라는 정서가 작용한다는 것을 새롭게 밝혀주고 있다.

추가하자면 지난번 야기된 거대한 촛불 집회를 통해 미국 덴버 대학교 에리카 체노웨스(Erica

Chenoweth) 교수의 "3.5%의 법칙"이 다시 회자되었다. 그는 "1900년부터 2006년까지 모든 형태의 반정부 시위를 통계학적으로 분석"하였는데 그 결과 "전체 인구의 3.5%가 꾸준히 비폭력 집회를 이어가면 어떤 정권도 버틸 수 없다"는 점을 지적하고 있다. 이는 양이 질을 바꿀 수 있다는 말도 되고, 그 시위 방법의 합리성이 목적 달성에 중요한 역할을 한다는 점도 시사하고 있다.

그런데 지난 촛불 집회는 이 이론에 하나의 설명이 더 추가되어야 함을 보여주고 있다. 군중들의 비폭력 집회를 유도하는 군중의 초자아에 의한 자기통제는 숫자와 매우 밀접한 관계가 있다는 점이다. 엄청난 숫자가 같은 생각을 할 때 앞서 말한 대세론이 진리와 연결되고 이것이 바로 바로 승리감과 연결될 수 있기 때문이다.

어떠한 갈등이라도 상대에 비해 비교될 수 없을 정도로 많은 숫자가 어느 일방에 모이게 되면 이미 게임은 끝난 것이다. 이럴 때는 반문명적 혹은 퇴행적 방법을 쓸 필요도 없다. 승리의 축제적 의미가 더 강하게 나타난다. 그리고 그 속에서 상대에 대한 울분은 승리라는 믿음 아래 승화될 수 있다. 따라서 지난번 박근혜 대통령 퇴진을 부르짖는 대규모 군중 촛불 집회는 군중심리에 대한 정신분석적인 또 하나의 해석을 가능케 하였다는 점에서 매우 흥미롭다고 할 수 있다.

혹자는 상기의 해석에 하나의 의문을 제시할 수도 있다. 촛불 집회 참가 인원 못지않게 태극기 집회에도 많은 인원이 모였는데 두 집회들 간 서로 폭력적 충돌이 없었기 때문이다. 이 문제는 시위의 차례를 먼저 생각하면 일부 답을 얻을 수 있다. 촛불 집회가 먼저 있었고 여기에서 폭력이 없었던 것은 위에서 설명한 대로 이다. 그 이후 박근혜 대통령을 지지하는 태극기 집회가 있었는데 이들도 촛불 집회의 비폭력적 시위를 그대로 따를 수밖에 없었다. 왜냐하면 그들 행위의 정당성을 강조하기 위해서는 촛불 집회처럼 폭력을 자제해야만 했기 때문이다. 만약 폭력을 행사한다면 촛불 집회의 비폭력성 때문에 다수 국민들로부터 그들의 행위가 인정되기 어려웠을 것이다.

결국 양대 집회는 서로의 생각이 완전히 다름에도 불구하고 폭력적 충돌이 없었던 것은 먼저 있었던 촛불 집회의 비폭력적 행위 때문이고, 나중에는 서로의 정당성을 확보하기 위하여 폭력이 자제되었다고 할 수 있다. 그렇다면 서로의 주장이 다른 두 집단들이 서로 갈등하더라도 일단 정당성 경쟁이 벌어지면 비록 군중이라 하더라도 초자아가 작동하여 퇴행적 폭력 행위가 자제될 수 있음을 의미한다. 이러한 점은 군중심리에 대한 또 다른 해석을 가능하게 하는 좋은 예라고 할 수 있다.

참고 사항(3-2: 초자아의 기능을 강화하자)

* 한국의 경우 유교적 전통 사회와 현대사회에 있어서 자아이상과 초자아의 발전에 대해서는, 김용신, 『나는 누구인가: 일반인을 위한 정신분석학』, pp, 47~50 참조. 또한 김용신, 『보수와 진보의 정신분석』(서울: 살림출판사, 2008), pp.58~66 참조.
* 평화적 촛불 시위에 관해서는 「촛불 집회 본 외국인 관광객 '엄청난 규모 · 평화적 시위 인상적'」, 『한국스포츠경제』 2016년 11월 30일자 참조. 또한 「사상 최대 '평화집회', 언론의 세 가지 관점」, 『미디어오늘』 2016년 11월 28일자 참조.
* 프로이트의 집단심리 연구에 대해서는 Sigmund Freud, *Group Psychology and the Analysis of the Ego Ideal*, 참고. 또한 김용신, 『지도력의 허상』(서울: 아카원, 2016), p.109 참조.
* 르봉의 주장에 대해서는 Gustave Le Bon, *The Crowd: A Study of the Popular Mind*(United States: Digireads.Com, 2008), 참고. 또한 프로이트, *Group Psychology and the Analysis of the Ego Ideal*, pp.4~13. 그리고 김용신 『지도력의 허상』, p.107 참조.
* 맥도갈의 주장에 대해서는 William McDougall, *The Group Mind: a sketch of the principles of colletive [sic] psychology, with some attempt to apply them to the interpretation of national life and character*(Cambridge: University Press / Ann Arbor, MI: University of Michigan Library, 1920), 참고. 또한 프로이트, *Group Psychology and the Analysis of the Ego Ideal*, pp.15~18. 참조. 그리고 김용신, 『지도력의 허상』, p.108 참조.

* 트로터의 주장에 대해서는 Wilfred Trotter, *Instincts of the Herd in Peace and War*(T. F. Unwin ltd., 1921), 참고. 또한 프로이트, *Group Psychology and the Analysis of the Ego Ideal*, p.19. 참조. 그리고 김용신, 『지도력의 허상』, p.108 참조.

* 컨버그의 집단 초자아와 퇴행적 행동에 대해서는 Otto Kernberg, *Internal World and External Reality: Object Relation Theory Applied*(New York: J. Arronson, 1980), pp.211~251 참조. 또한 김용신, 『지도력의 허상』, pp.114~115 참조.

* 체노웨스 교수의 "3.5%의 법칙"에 대해서는 「11월 26일 촛불 집회…'시위 3.5% 법칙 지키면 정권 무너진다' 체노웨스 이론 주목」, 『동아일보』 2016년 11월 26일자 참고. 또한 「'국민 3.5% 비폭력 시위 정부 무너진다' 180만명 모이면…」, 『중앙일보』 2016년 11월 16일자 참조.

불만을 정화하자

모든 갈등과 폭력은 불만에서 출발된다는 것은 불만에 따른 갈등과 공격 이론의 핵심 주장이다. 여타 연구들도 이 사실을 부인하지는 않는다. 본능을 자극하여 공격성이 나타나게 하는 것도 따지고 보면 불만에 따른 것이다. 그리고 정신분석학적 입장에서 수차 강조했던 자아이상의 퇴행성에 따른 갈등과 폭력도 결국은 자아이상의 실현이 억제 당함으로써 나타나는 불만에 기인한 것이다.

불만은 그 정도가 미약했을 때는 단순한 긴장이나 스트레스로 이어진다. 그러나 그 정도가 강했을 때는 심한 울분을 동반한다. 그리고 그 울분이 해소되지 못하면 타인과 갈등을 빚고 결국은 공격성을 유발시켜 폭력적 행위로까지 연결된다. 이러한 과정에 대해서는 어려운 정신분석학적 설명을 하지 않아도 모두 잘 이해 할 수 있을 것이다. 따라서 갈등과 폭력적 행위를 방지하기 위해서는 불만과 울분을 해소시키는 일이 매우 중요하다.

물론 울분이 없는 삶은 발전이 없다고 말 할 수도 있다. 우리는 불만에 따른 울분을 해결하기 위해 스스로 보다 나은 삶을 향해 달려갈 수 있기 때문이다. 정신분석학적으로 울분은 우리를 성장시키는 동력이 되기도 한다. 스트레스나 울분을 전혀 느끼지 않는다면 보다 나은 삶을 향한 노력의 씨앗이 없게 될 것이다. 울분이 없다는 것 자체는 자아실현의 욕구가 상실됨을 의미하니, 인간 삶의 핵심적 요소를 상실한 병적 상태로까지 확대 해석할 수 있다.

만약 경제적으로 어려운 생활을 하면서도 이를 벗어나려고 하는 노력이 없다면 꿈이 없는 사람일 것이며, 꿈이 없으니 불만과 울분도 없다고 말할 수 있다. 타인으로부터 멸시를 당하면서도 아무런 불만을 느끼지 못한다면 이 또한 인간으로서 주체성을 상실한 무기력한 존재로밖에 해석이 되지 않을 것이다. 모든 살아있는 것들은 그 생명의 보존을 위한 기본적인 욕구가 있고 이에 따라 불만과 울분이 있게 된다. 그런데 이러한 무의식적 욕구가 작동되지 않는다면 이야말로 큰 문제이다.

그런데 지금까지 우리가 논의해 온 것은 삶을 향한 욕구간의 충돌이 갈등을 유발함으로써 이에 따른 또 다른 고통이 야기됨을 지적하여 왔다. 또한 이러한 갈등이 격화되면 우리가 모두 두려워하고 싫어하는 폭력적 퇴행성을 나타낸다는 것이다. 따라서 지금 우리는 사회생활 속에서 야기되는 갈등과 폭력을 완화시킴으로써 제 2의 고통을 벗어나는 방법을 강구해야 한다. 한마디로 불만과 울분의 긍정성 자체를 부정하는 것이 아니라, 이로 인한 퇴행성만은 억제되어야 하기 때문이다.

다시 이야기의 본질로 돌아가 그러면 불만과 울분으로 인한 퇴행적 행위는 어떻게 해소될 수 있는가? 만약 완전 해소가 불가능 하다면 이를 약화라도 시킬 방법은 없는가? 이러한 질문의 답은 각자의 자아실현에 대한 욕구를 인정하면서도, 이로 인해 서로 간에 야기될 수 있는 갈등과 퇴행적 행동들을 완화시키는 방법이 될 것이다. 뿐만 아니라 문명 속에서 불가피하게 겪어야 하는 여타 감정들의 억제로 인한 자아의 상처를 치유하는 길이 되기도 할 것이다. 타인과의 관계에서 야기되는 갈등과 폭력적 행위를 떠나서도 우리는 문명 속에서 스스로 상처를 입지 않을 수 없다. 앞서 언급했듯이 문명은 우리의 안전을 보장하는 대신 여타 감정의 일정한 억제도 요구하고 있기 때문이다.

정신분석학적으로 상기의 질문은 두 가지 측면에서 해답을 얻을 수 있다. 그 하나는 승화를 통해 우리의 울분을 해소하는 길이며, 다른 하나는 불만족스러운 상황을 차라리 인정함으로써 스스로 위로를 받는 방법이다. 승화란 어느 한 부분에서 야기된 불만이나 울분은 다른 부분에서의 성취를 통해 느끼는 기쁨으로 일부 해소될 수 있다는 원리이다. 그리고 자신에 대한 위로란 문제가 해결되기 어려울 때 차라리 이러한 상태를 인정하고 사랑함으로써 그에 따른 울분의 강도를 약화시키는 것을 의미한다. 이는 요즘 유행어로 "피할 수 없으면 즐겨라!"는 말과 일맥상통한다.

먼저 승화를 통해 이전에 느낀 불만과 울분을 정화시킬 수 있다는 내용은 여러 가지의 예들을 통해 쉽게 이해할 수 있다. 평소에 키가 작아서 이에 대한 불만이 많았다면 육체미 및 기타 운동을 열심히 하여 그 불만을 보완할 수 있다. 또한 가난에 대한 불만이 있다면 학문이나 예술 등 다른 분야에서 크게 성공함으로써 그 불만의 일부를 해소할 수 있을 것이다. 그리고 실연으로 큰 상처를 가졌다면 돈을 많이 번다든지 높은 지위를 얻음으로써 그 상처를 일부라도 달랠 수 있을 것이다.

승화를 통한 울분의 해소는 더 넓게 확대하여 설명할 수도 있다. 불만과 울분이 쌓일 때 자신의 취미생활에 몰두하면 일부라도 그 울분이 해소될 수 있다. 심지어 자신이 좋아하는 전람회나 공연 혹은 스포츠 게임을 보면서 정서적 즐거움을 가지게 되면 단순한 스트레스 정도는 쉽게 해소됨을 느낄 수 있다. 친구를 만나 담소를 즐기고 여행을 떠나거나 하면 마음이 홀가분해지는 것도 마찬가지 이치이다.

앞서 "종로에서 뺨을 맞고 한강에서 눈을 흘긴다"는 말을 했다. 그런데 이때에 눈을 흘기는 감성의 표출이 퇴행성을 가지게 되면 그것이 문제이다. 따라서 퇴행성이 없는 감성의 표출은 오히려 정신 건강에 매우 유익하다. 우리는 스트레스나 불만이 야기될 때 항상성 원리에 의해 이를 해소하려는 욕구 또한 동시에 가지고 있다. 그런데 문제는 이러한 불만의 해소 욕구가 문명의 가치를 벗어나서는 안 된다는 것이다. 이런 점에서 승화란 문명이 인정하는 범위 내에서 불만과 울분을 해소하는 것을 의미한다.

한마디로 승화란 기존의 불만이나 울분을 문명이 인정하는 범위 내에서 다른 방향의 기쁨을 통해 '보상(Reparation)'받는다는 원리이다. 그렇다면 우리는 과연 승화를 통해 울분을 완전히 해소할 수 있는가? 프랑크푸르트학파(The Frankfurt School)로 널리 알려진 마르쿠제는(Herbert Marcuse, 1898~1979)는 『사랑과 문명*Eros and Civilization*』에서 감정의 승화를 강조하고 있다. 그는 "육체적인 성적 욕망을 순수한 사랑의 마음으로 전환(Transformation of Sexuality into Eros)"시킴으로써 문명은 그 긍정성을 발휘할 수 있다고 강조하였다.

마르쿠제의 주장은 얼핏 승화를 통한 불만의 완전 해소를 인정하는 듯 보이기도 한다. 그러나 승화를 통해 보상된 감성 그 자체로서는 이전 슬픔을 완전히 해소시킬 수는 없다는 논리도 있을 수 있다. 특히 큰 슬픔들은 승화를 통해 잠시 숨겨질 뿐 우리 무의식의 판에서 완전히 소멸되기 어렵기 때문이다. 그럼에도 불구하고 분명한 것은 우리는 이러한 감성적 보상을 통해 우리의 슬픔을 일부라도 해소할 수 있다는 점을 부인할 수는 없다.

다음으로 자신의 불만족스러운 처지를 차라리 사랑하여 스스로를 위안할 수 있다는 논리의 본질은 정신분석학의 자아도취라는 개념에 근거하고 있다. 프로이트는 무의식에 존재하는 리비도라는 사랑의 욕구가 타인에게 거절당했을 때는 그 자체가 자신으로 되돌아와 스스로를 사랑하려는 욕구로 전환될 수 있다고 했다. 이는 인간 무의식의 내부에 자아도취적 요소가 존재하고 있음을 의미한다.

인간 무의식의 본질이 기쁨을 확대하고 슬픔을 줄이려는 경향이 있다면 자아도취란 스스로를 사랑함으로써 슬픔을 줄이려는 욕구이다. 실제로 자아도취적 성품이 있는 사람들은 우울증에도 잘 안 걸린다. 다만 우리가 경계하는 바는 그 퇴행적 요소이다. 자신만을 사랑하고 남들을 무시하거나 나아가서 미워하게 되는 것이 문제이다. 따라서 퇴행성이 없는 자아도취적 자세는 우리의 슬픔을 해소하는 데 큰 위안을 줄 수 있다. 자신의 현실이 조금은 불만족스럽더라도 이를 긍정적으로 생각하면 기쁜 마음으로 새로운 활로를 모색해 나갈 수 있기 때문이다.

이는 어떠한 처지에 처하건 자신의 운명까지를 사랑함으로써 불만과 울분을 해소하면서 앞으로 나아가야 한다는 논리와 연결성을 가질 수도 있다. 자신을 사랑하지 못하면 우리는 슬픈 처지를 딛고 일어설 수 있는 최후의 수단마저 잃어버리는 꼴이 되기 때문이다. 못생긴 나 혹은 못 배운 나를 사랑하고, 돈 없는 나 혹은 힘없는 나를 사랑한다는 것은 꼭 무기력한 소극적 자세만은 아니다. 니체가 주장한 '운명을 사랑하라(Amor fati: Love of one's fate)'는 말처럼 운명을 소극적으로 따르면서 불만만 느낄 것이 아니다. 차라리 이를 적극적으로 받아들여 사랑하는 것이 오히려 삶의 창조성을 발휘해 가는 길일 수도 있다.

나아가 우리는 카타르시스(Catharsis)를 통한 슬픔의 해소에 대한 문제도 한번 논의할 필요가 있다. 우리는 비극을 보면서 그 처지가 나와 비슷하다고 느낄 때 더 많은 감동을 받고 드디어는 한없는 눈물을 흘린다. 그리고 이처럼 눈물이라도 흠뻑 흘리고 나면 무언가 마음이 후련해지는 기분을 맛볼 수 있다. 이는 자신의 울분이나 슬픔을 눈물로라도 배설하고 나면 일면 그 울분이 가라앉으면서 평화와 만족감을 주기 때문이다. 이러한 경우를 정신분석학에서는 '정화 혹은 배설'을 통한 슬픔의 해소로 설명하고 있다.

결론적으로 우리는 우리에 내재된 슬픔이나 울분을 풀어가면서 살아야 한다. 이러한 점에서 동양 속담에 "한 번 웃으면 한 번 젊어지고 한 번 성내면 한 번 늙어진다(一笑一少 一怒一老)"는 말은 정신분석학적으로는 일부 변경이 필요하다. 한번 웃으면 그만큼 젊어진다는 것은 충분히 받아들일 수 있다. 그러나 화를 내면 늙어진다는 말에는 약간의 추가 설명이 필요하다. 화를 내면 늙어지겠지만 그렇기 때문에 화를 참기만 하는 것은 능사가 아니다. 화를 참고만 있으면 오히려 더 큰 병을 가져 온다. 따라서 화가 나면 이를 풀고 나아가야 한다. 다만 그 화풀이가 문명의 가치가 인정하는 방향으로 이루어져야 한다는 전제가 필요하다.

추가하여 필자는 2016년 11월과 12월 100만 내지 150만 개의 촛불로 뒤덮인 광화문 거리를 보면서 군중심리에 대한 새로운 생각이 하나 떠올랐다. 그것은 바로 군중의 울분 발산이 어떤 조건을 갖추게 되면 폭력적 퇴행성으로 진행되지 않고 오히려 축제적 의미로 승화될 수도 있다는 점이다. 실제로 군중의 울분이 축제로 승화될 수 있다는 사실은 기존의 군중심리 연구에서 지적된 바가 없는 새로운 자료를 제공할 수 있을 것이다.

당시 우리 사회는 '최순실 게이트'로 인한 사회 공정성의 훼손, 권력 남용, 부정과 부패, 대통령의 무능 등이 백일하에 나타나고 있었다. 이를 보는 국민들은 울분에 차 있고 이러한 현실을 바로잡기 위해 광화문으로 몰려들었다. 따라서 지난번의 촛불 집회가 축제는 무슨 축제냐고 비판받을 수 있다. 그런데 조금 깊이 생각하면 수많은 국민들은 촛불 집회를 통해 그들의 울분을 나름대로 해소 및 승화시키고 있었다고 말하지 않을 수 없다.

그 촛불 집회에는 다양한 문화적 행사도 함께 있었는데 이는 단순히 시위대의 지루함을 달래주려는 의미보다는 우리는 지금 우리의 뜻을 관철시키고 있음에 대한 자축적 의미도 충분히 포함되어 있다고 볼 수 있다. 건국 이래 보기 드문 100만 이상의 인파가 한곳에 모여 있으므로 촛불 집회에 참가한 사람들과 이를 바라보는 국민 대다수는 우리는 이제 완전히 승리했다는 강력한 자긍심을 가지게 되었다. 즉 압도적인 군중의 수는 앞서 언급한 대로 대세론으로 그리고 진리로 또한 승리로 감성적 변화를 가지게 된 것이다. 이제는 촛불 시위를 막을 어떤 세력도 힘을 쓸 수가 없다는 생각에는 승리를 자축한다는 성격이 추가될 수밖에 없는 것이다.

이러한 가정을 하게 된다면 촛불 집회는 국민의 승리를 담보하는 축제적 의미도 함께 가지게 되어 국민들의 울분을 일부 해소시켜주고 있었다고 분석할 수 있다. 이러한 현상이야말로 군중 속에서도 승리감은 울분의 해소를 일부 가능케 할 수 있음을 잘 설명해 주고 있다. 한편으로는 불만의 발산을 통한 카타르시스를 맛봄으로써 울분이 일부 완화되어 폭력적 행위가 나오지 않았을 뿐만 아니라 나아가 승리를 자축하는 축제적 의미도 함께 동반하게 되었다고 볼 수도 있다.

특히 국회에서 대통령 탄핵 소추안이 가결된 후 열린 12월 10일 제 7차 촛불 집회에는 축제적 의미가 더 확대되었다. 탄핵 소추안 가결을 통해 촛불 집회 군중의 울분이 일부 해소되었기 때문이다. 이날 오후 언론사 인터넷 판에는 "'우리가 승리했다'…7차 촛불 집회도 평화롭게 마무리," "전국 100만 촛불…자축은 소박하게, 함성은 뜨겁게," "7차 촛불 집회 60만 명 참가…다양한 이벤트 '축제 분위기'" 등의 말들이 기사 제목으로 등장하였다. 이것만 보더라도 지난 번의 촛불 집회가 승리감과 연결된 정서적 입장을 대변했다고 볼 수 있다. 그리고 이러한 축제적 의미는 이미 탄핵 소추안이 국회에서 가결되기 이전 100만 명 이상이 모인 5차와 6차 집회에서부터 있었음을 부인하기는 어렵다. 앞서 설명한 바와 같이 이미 그때부터 촛불 집회에 모인 군중들은 자신들의 승리감을 느낄 수 있었기 때문이다.

태극기 집회도 마찬가지이다. 그들도 나름대로 애국이라는 구호를 가지고 태극기와 함께 그들만의 울분을 일부 해소했다고 할 수 있다. 그리고 촛불 집회와 경쟁이라도 하듯이 나름대로의 문화행사도 함께 개최하였다. 지난 촛불 집회와 태극기 집회는 실로 그 예를 찾아보기 매우 어려운 특이한 상황을 연출하였다. 수많은 군중들이 모였음에도 불구하고 서로가 정당성을 확보하기 위해 나름대로 폭력을 억제하고 그들만의 축제적 의미까지를 곁들인 집회가 되었기 때문이다. 양측 집회에 참가했던 사람들은 그 이유와 목적이 무엇이었든지 간에 집회를 통해 나름대로 사적 울분까지가 일부 해소되었을 것으로 필자는 감히 생각하고 있다.

우리는 정서적 안정을 위해 불만이 있으면 발산

을 해야 한다. 다만 문제는 이러한 발산 과정에 흔히 퇴행적 행위가 수반된다는 점이다. 군중행동을 분석하는 기존 이론들이 조직되지 않은 군중의 행동은 자기통제가 어렵기 때문에 퇴행적으로 진행되기 쉽다고 주장하는 것도 바로 이런 이유 때문이다. 그런데 지난번 100~150만 명이 참여한 촛불 집회를 통해 우리는 울분의 발산이 진리 혹은 승리감과 연결이 되면 조직되지 않은 군중의 행동이라 할지라도 그것이 퇴행하지 않고 차라리 축제적 감성으로 진전될 수 있다는 사실을 발견할 수 있었다. 이러한 해석 역시 군중행동 분석에 있어서 또 다른 이론의 성립을 가능케 하고 있다.

참고 사항(3-3: 불만을 정화하자)

* 승화를 통한 슬픔의 해소에 대해서는 김용신, 『예술의 정신분석학적 해석』, pp.54~62 참조. 또한 김용신, 「프로이트, 우리를 구해줘!」(강승완 · 김선희 · 김용신 외, 『인문학 카페 인생강의』, 서울: 글담출판사, 2013, pp.140~167), pp.159~161 참조. 그리고 Eun-Joo Lee and Yong-Shin Kim, *Salpuri-Chum, A Korean Dance for Expelling Evil Spirits* (Lanham · Boulder · New York · Toronto · Plymouth, UK: Hamilton Books, 2017), pp.4~9 참조.
* 마르쿠제가 주장하는 승화에 대해서는, Herbert Marcuse, *Eros and Civilization: A Philosophical Inquiry into Freud*(Boston: Beacon Press, 1955) pp.197~221 참조.
* 프로이트가 주장한 자아도취에 관한 논리에 대해서는 Fred Alford, *Narcissism*(New Haven and London: Yale University Press, 1988), pp.24~29 참조.
* 자신의 처지를 사랑함으로써 슬픔을 해소한다는 내용에 대해서는 김용신, 『예술의 정신분석학적 해석』, pp.63~71 참조. 또한 김용신, 「프로이트, 우리를 구해줘!」, pp.161~163 참조.
* 니체의 운명을 사랑하라는 주장은 Friedrich Nietzsche, *The Gay Science, With a Prelude in Rhymes and an Appendix of Songs by Friedrich Nietzsche*, Translated, with commentary, by Walter Kaufmann(New York: Vintage Books, 1974), 참고. 또한 프리드리히 니체 저, 안성찬 역 『즐거운 학문, 메시나에서의 전원시 유고(1881년 봄-1882년 여름』(서울: 책세

상 2005), 참고.

* 카타르시스를 통한 슬픔 혹은 울분의 정화에 대해서는 Fred Alford, *Melanie Klein & Critical Social Theory*, p.109 참조.

* 12월 10일 촛불 집회에 대한 신문(인터넷 판)의 기사 제목에 대해서는 「'우리가 승리했다'…7차 촛불 집회도 평화롭게 마무리」, 『뉴시스』, 2016년 12월 10일자 참조. 또한 「전국 100만 촛불…자축은 소박하게, 함성은 뜨겁게」, 『서울신문』, 2016년 12월 10일자 참조. 그리고 「7차 촛불 집회 60만 명 참가…다양한 이벤트 '축제 분위기'」, 『동아일보』, 2016년 12월 10자 참조.

나가며

인간은 본질적으로 갈등적 존재이다. 자신(자아)과 대상간의 갈등뿐만 아니라 자아(자신) 그 자체 내에서도 자아이상과 초자아가 매 순간 갈등하고 있다. 이러한 갈등은 일면 우리의 자아실현을 가능케 하는 원동력이 되기도 한다. 다만 이러한 갈등을 유발하는 무의식의 욕구가 때로는 퇴행성으로 나타날 수 있다는 것이 문제이다. 이러한 퇴행적 욕구는 갈등을 비합리적으로 유도할 뿐만 아니라 반문명적인 폭력적 행위를 불러일으키기 때문이다.

그렇다면 우리는 갈등 자체를 모두 부정적으로만 생각할 것이 아니라 건전한 갈등을 저해하는 퇴행적 행위들을 억제하는 길을 연구해야 한다. 우리는 지금까지 이러한 전제 하에서 갈등과 폭력을 야기하는 다양한 무의식의 동적 양상들과 퇴행적 행위들을 적어도 최소화할 수 있는 정신분석학적 차원의 원리를 살펴보았다. 이러한 논의를 통해 우리는 결론적으로 몇 가지의 시사점들을 발견하게 된다.

무엇보다도 먼저 자신에 대한 분석이 절대적으로 필요하다. 우리가 너무나 잘 아는 철학자 소크라테스(Socrates, BC 470?~BC 399)는 고대 그리스의 델포이(Delphi)의 아폴론신전(Sanctuary of Apollo) 기둥에 새겨졌다는 그 유명한 "너 자신을 알라!" 는 말을 강조하였는데, 진정 스스로를 안다는 것은 매우 중요하다. 물론 자신을 스스로 안다는 것이 쉬운 일이 아니다. 모든 행동들의 원천으로서 무의식이란 말 그대로 자신도 인식하지 못하는 그 무엇이기 때문이다. 그럼에도 불구하고 자신의 무의식적 욕구들을 스스로 분석해 보는 일은 보다 풍요로운 삶을 위해 필수적이다. 심리학이나 정신분석학의 지식들이 많은 사람들에게 큰 호응을 얻고 있는 이유도 바로 여기에 있을 것이다.

때문에 우리는 매일 자신의 행동을 점검하고 이를 유발시키게 된 무의식의 동적 양상들을 나름대로 살펴볼 필요가 있다. 불만이 쌓일 때 혹은 울분이 나타날 때 나는 왜 이러한 상황에 직면하게 되었는가를 분석해 봐야 한다. 그리고 그 분석을 통해 나름의 답을 얻었다면 우리는 그 불만과 울분, 그리고 이로 인한 심리적 상처를 치유할 방법도 나름대로 얻게 될 것이다.

정신분석학에는 정신치료라는 개념이 있다. 이는 약물치료의 대칭적 개념으로서 스스로를 분석함으로써 자신의 정신건강 문제를 치유한다는 의미이다. 정신병원에서 환자들을 모아놓고 정신분석학 강의나 심리 상담을 하는 것이 그 대표적인 방법이다. 정신분석학 강의나 상담을 통해 인간 무의식의 동적 양상을 어느 정도 이해하고 나면, 지금 자신을 괴롭히고 있는 정신적 문제가 어디에 근거한 것임을 나름대로 깨달을 수 있다. 이와 같이 문제의 원인을 알고 나면 그에 대한 대처는 훨씬 쉬워진다. 모든 문제들은 그 원인을 밝힘으로써 해결을 위한 구체적인 실마리를 풀어갈 수가 있기 때문이다.

타인과 갈등관계가 나타날 때에도 혹은 폭력을 야기할 만큼 커다란 울분을 느낄 때에도 우리는 그렇게 된 원인을 살펴봐야 한다. 혹자는 지금 화가 나는데 무슨 재주로 그 원인을 살펴보겠는가라는 의문을 표할 수 있다. 그렇기 때문에 우리는 평소에 자신을 분석하는 습관을 들여야 한다. 그러면 적어도 불만과 울분에 따른 퇴행적 행위의 발산은 어느 정도 사전에 억제 혹은 완화시킬 수 있다. 이러한 방법은 문명 속에서 얻어진 심리적 상처들을 치유하는 데도 매우 유용하게 작용한다.

다음으로는 갈등을 피할 수 없다면 우리는 어떻게 합리적으로 싸울 것인가에 대한 생각을 해야 한다. 그렇지 않으면 그 싸움이 자칫 반문명적인 퇴행성으로 나타날 수 있기 때문이다. 한마디로 싸우는 방법을 터득하자는 것이다. 싸울 줄도 모르는 사람들이 싸움을 하면 사고 낼 확률이 매우 높아진다. 싸움에 대한 세련된 방법을 이해하지 못하면 자칫 퇴행적 행위를 불러올 수 있기 때문이다.

합리적 싸움의 방법으로는 먼저 자신의 입장에 대한 일관된 논리가 있어야 한다. 그렇지 않으면 상대방을 설득하기가 매우 어렵다. 이를 위해서는 상대방의 입장도 확실히 알아야 한다. 상대가 가지고 있는 본질적 뜻도 모르고 자기 논리만 주장하면 이 또한 설득력이 없기 때문이다. 이는 손자병법에서 지적한 대로 적을 알아야 이길 수 있다는 말과 연결성을 가지고도 있다.

나를 알고 상대를 이해한다 하더라도 싸움에 대해 서로가 동의하는 기본 규칙이 없다면 이 또한 문제이다. 수단과 방법을 가리지 않는 술수가 동원될 수 있기 때문이다. 물론 술수는 당연히 퇴행적 행위를 유발시킨다. 그리고 퇴행적 행위들은 서로에게 씻기 어려운 상처를 남기게 될 것이다. 싸움에 이기더라도 남는 것은 상처뿐이라면 이야말로 우리가 원하는 바가 아니다. 이러한 상황은 지금 우리 한국 사회에서 야기되는 다양한 갈등들에서 흔히 나타나는 경향이다. 개인들 간의 갈등도, 집단들 간의 갈등도, 여야의 갈등도 결국은 승자도 패자도 없는 상처만 안기고 있기 때문이다.

이를 방지하기 위해서는 개인들의 초자아는 물론 나아가 사회적으로도 다수가 동의하는 사회적 초자아가 활성화되어야 한다. 이때 굳이 '다수가 동의하는'이란 말을 쓴 이유는 정신분석학에서는 절대 선을 인정하지 않고 있기 때문이다. 다만 문명의 질서를 위해 그 시대 다수가 인정하는 도덕적 규범을 정신분석학적 관점에서는 현실의 원리에 기초한 사회적 초자아라고 말할 수 있다.

각자의 초자아가 강화되면 자신의 퇴행적 자아 이상의 표출을 억제하는 도덕성이 활성화된다. 즉 타인과의 싸움에 있어서 적어도 이런 저런 행위들은 하지 말아야 한다는 도덕적 기준이 확립된다는 것이다. 싸울 때에도 서로가 마지막까지 지켜야 할 어떤 언어나 행동의 원칙은 준수되어야 한다. 그렇지 않고 모든 막말과 폭력까지 동원된다면 서로에게 씻을 수 없는 상처를 안기게 될 것이다.

개인의 초자아는 결국 다수가 인정하는 도덕적 규범으로서 사회적 초자아라고 볼 수 있는 공정성과 정의에 대한 인식과 직결된다. 배경 있는 사람만 출세하고 돈이면 무엇이든지 해결될 수 있는 사회, 혹은 부정 부패한 사람들은 잘살고 법을 지키는 사람들은 바보가 되는 사회는 정의롭고 공정한 사회가 아니다. 사회적 초자아의 기능이 없는 사회이기 때문이다. 이러한 사회 구조 속에서는 경쟁이나 갈등에 대한 도덕적 규칙이 존재하기 어렵다.

따라서 초자아의 활성화야말로 갈등의 진행 과정에 있어서 당사자들 서로가 지켜야 할 기본적 행동규범의 작동을 가능하게 한다. 모든 운동 경기에도 규칙이 있다. 심지어 이종 격투기인 UFC(Ultimate Fighting Championship: 미국의 종합 격투기 대회)에서도 엄격한 경기 규칙이 있다. 그런데 우리 사회에서는 모든 개인 및 집단들 간 갈등들이 진행되는 과정에서 최소한의 규칙들도 찾기가 어려울 때가 많다. 한마디로 초자아적 규제가 제대로 작동되지 않고 있다는 말이다. 그러니 권모술수 및 폭력을 포함한 다양하고 심각한 퇴행적 행위들이 자행되는 것 아닌가?

초자아의 활성화와 더불어 자신의 울분을 나름대로 해소할 수 있는 또 다른 출구를 만들어가는 일도 매우 중요하다. 출구가 없는 울분은 언제나 퇴행적 행위로 연결될 확률이 높기 때문이다. 불만 없는 세상은 없다. 그런데 어느 하나의 불만을 다른 어떤 분야의 성취로 해소해 가는 일도 우리의 퇴행성을 순화하는 길이다. 그리고 스스로 자신의 삶에 대한 사랑으로 자긍심을 회복하는 일도 불만을 해소하는 좋은 길이 될 수 있다.

나아가 생활에서 나타난 소소한 불만들을 그대

로 쌓아두지 말고 바로 바로 문명적 방법으로 풀어가는 일 또한 중요하다. 즉 감성의 배설을 통한 마음의 정화가 평소에 필요하다는 것이다. 취미생활을 하고 좋은 인관관계를 맺는 일도 스스로의 감성적 배설을 위해 바람직한 일이라 할 수 있다. 평소의 감성적 상태가 안정성을 유지하도록 노력하는 일이야말로 행복한 삶을 위한 기본 요소이다. 개인을 넘어서 집단 혹은 군중의 경우도 앞서 설명한 대로 그들의 울분 발산이 승리감과 연결이 되면 퇴행성을 벗어나 울분의 승화 및 해소와 연결될 수 있다.

우리는 왜 싸우는가 -갈등의 정신분석-

2018년 1월 5일 초판 인쇄
2018년 1월 10일 초판 발행

지은이 _ 김용신
펴낸이 _ 장호성
기 획 _ 이재석
제 작 _ 정진형
편 집 _ 성두현
마케팅 _ 박보혜
펴낸곳 _ 노스보스
등 록 _ 1968.2.27 : No. 제03-00095호
주 소 _ 경기도 용인시 수지구 죽전로 152
전 화 _ 031-8005-2405
팩 스 _ 031-8021-7154

값 10,000원

ISBN 978-89-7092-596-7 03180